LA LOUISIANE

PUBLICATIONS DE LA SOCIÉTÉ DES AMÉRICANISTES
DE PARIS.

LA LOUISIANE

HISTOIRE DE SON NOM

ET DE SES

FRONTIÈRES SUCCESSIVES

(1684-1819)

PAR

Le Baron MARC DE VILLIERS

ADRIEN-MAISONNEUVE

5, RUE DE TOURNON

PARIS (VIe)

1929

LA LOUISIANE

HISTOIRE DE SON NOM

ET DE SES

FRONTIÈRES SUCCESSIVES

(1681-1819)

Par le BARON MARC DE VILLIERS.

PREMIÈRE PARTIE

LE NOM DE LOUISIANE

CHAPITRE PREMIER

ORIGINES DU NOM DE LOUISIANE

Cavelier de La Salle et l'abbé Bernou.

Quelques amateurs d'étymologies historiques ont cru découvrir dans la formation du nom de Louisiane — écrit d'abord le plus souvent avec deux N — une savante association des prénoms de Louis XIV et d'Anne d'Autriche [1]. Malheureusement pour cette explication, vraiment trop ingénieuse, la Reine Mère s'éteignit en 1666, dans la retraite, et personne, quinze ans plus tard, ne pouvait plus songer à rappeler son souvenir en Amérique.

Le nom de Louis se prête d'ailleurs assez mal à la formation de nombreux dérivés, et *iane* constitue simplement une désinence particulièrement sonore. Bougainville, quand il voulut baptiser un archipel voisin de la Nouvelle-Guinée en l'honneur de Louis XVI, dut se contenter de Louisiade, nom certainement moins euphonique.

L'orthographe de Louisiane resta longtemps fort incertaine. Cavelier

---

1. Encore tout récemment, la traductrice de *Monsieur Motte*, roman de Miss Grace King, auteur bien connue par ses ouvrages sur la Louisiane, a indiqué très sérieusement, dans sa préface, cette étrange étymologie.

de La Salle écrivait *Louysiane* ; le Père Hennepin imprima *Loüisiane* et inscrivit même sur la carte d'un de ses ouvrages : *Louisiaene* ; [1] Henry de Tonty et d'autres auteurs employèrent *Louisianne* ; enfin, quand les Conseils du Roi finirent, en 1712, par admettre définitivement ce nom, presque toutes les Lettres Patentes et Arrêts, portèrent *Louizianne*, pendant dix ans. On trouve même, aux Archives du Ministère des Affaires Étrangères et dans celles des Colonies, divers Mémoires, pourtant très correctement rédigés, où les noms étranges de *L'Alouisianne,* ou de *L'Allouisiane,* se détachent en belles majuscules.

Le géographe Homann, de Nuremberg grava, sur plusieurs de ses cartes de l'Amérique, le nom savant de *Ludoviciana,* et le Pape Innocent XI accorda divers privilèges aux Récollets chargés d'établir une mission « in insulâ vulgo dictâ Luisianâ in Américâ. »

Ce terme d'*île,* appliqué à la Louisiane, a toujours paru une énigme ; son explication semble pourtant assez simple. Le Décret de la Congrégation de la Propagande du 8 janvier 1685, et le Rescrit pontifical du 12 mai suivant, s'étant évidemment bornés à reproduire les termes mêmes de la Requête en faveur des Récollets français, présentée par le Cardinal d'Estrées [2].

Or, l'éminent prélat avait précisément, pour secrétaire à Rome, l'abbé Bernou, un des plus fidèles amis de La Salle. Si cet excellent géographe, qui appelait la Louisiane « son diocèse », transforma en île la contrée du Mississipi, ce fut, tout simplement, pour des raisons diplomatiques. Profitant de ce que La Salle venait de partir pour les Antilles, Bernou réussit, par l'emploi du terme d'île, à dérouter complètement la Congrégation de la Propagande, qui, sans pareil subterfuge, n'aurait certainement jamais accordé à des Religieux français la permission de s'établir dans une contrée relevant, au moins théoriquement, du Roi d'Espagne. En 1701, Philippe V eut bien soin, quand il protesta contre l'établissement des Français à l'embouchure du Mississipi, de rappeler la célèbre Bulle du Pape Alexandre VI.

L'opposition de l'évêque de Québec, contre la délivrance de pouvoirs spéciaux aux Récollets accompagnant La Salle, dut certainement confirmer la Cour pontificale dans l'idée que la Louisiane dépendait bien du Canada, et le pape Innocent XI les accorda, sur la remarque du Cardinal

---

1. *Nouvelle Découverte d'un très grand Pays situé dans l'Amérique entre le Nouveau-Mexique et la Mer Glaciale... Utrecht (1697).*

2. « Referente Em° Cardinale Estreo, Sancta Congregatio missionorum... » Voir Margry, *Mémoires et Documents pour servir à l'Histoire des origines françaises des Pays d'Outremer...* Paris, 1879-1888, tome II, p. 476.

d'Estrées « que la distance des lieues était de neuf cents ou mille lieues, depuis Québec ».

Le nom de Louisiane, fort à la mode en 1683, disparut ensuite presque complètement pendant vingt-cinq ans. Le désastre de la dernière expédition de La Salle, suivi des hâbleries du Père Hennepin, durent inciter les Ministres à ne pas mêler le nom du Roi à des tentatives, non seulement hasardeuses, mais qui devaient encore susciter fatalement la jalousie de l'Angleterre et provoquer des réclamations de la part de l'Espagne. Si la *Description de la Louisiane* put paraître, en 1683, avec ce titre, c'est que la contrée, décrite sous ce nom, se réduisait encore à une région septentrionale, située entièrement à l'occident du Canada.

On chercherait en vain le nom de Louisiane dans les Instructions remises à La Salle en 1684, et toutes celles données à d'Iberville [1], de 1698 à 1702, parlent uniquement de « l'Establissement » ou de la « Colonie du Mississipi. »

Malgré cette indifférence diplomatique, Louis XIV n'oublia pourtant jamais complètement sa filleule, et on trouve même, comme on le verra plus loin, le nom de Louysiane employé une fois dans les instructions remises aux plénipotentiaires chargés de négocier la paix de Ryswick.

Les géographes se trouvèrent, assez longtemps, fort embarrassés pour donner un nom à la colonie fondée par d'Iberville. La Louisiane resta encore quelques années sur les cartes une province essentiellement canadienne, et la Floride continua même à voisiner avec le Nouveau-Mexique; Nicolas de Fer, en 1702, Guillaume de L'Isle, en 1703 marquent encore le nouvel établissement français situé en plein territoire espagnol ! D'autres cartographes, tel Mathieu Scutter, préférèrent, dans le doute, inscrire les deux noms de Louisiane et de Floride placés exactement l'un sous l'autre.

De Fer publia, à la fin de 1702, une nouvelle carte, et, sur celle-ci, le « Canada ou Nouvelle-France » atteint la Mer de Floride, mais la Louisiane ne dépasse pas encore la rive droite de l'Ohio.

En 1712, la Louisiane du Père Hennepin n'existait plus, et Antoine Crozat reçut la concession « du pays *connu à présent sous le nom de Louisiane* ». Les Lettres patentes du 14 septembre sont un des très rares documents de cette époque où le nom de la nouvelle colonie se trouve écrit correctement, mais, sans doute à cause de cette reconnaissance un peu tardive, le Mississipi resta longtemps bien plus connu en France

---

1. D'Iberville ne s'est même servi qu'une ou deux fois du nom de Louisiane dans sa correspondance; encore était-ce avant son premier voyage au Mississipi.

que la Louisiane. Le grand fleuve attira sur lui la malédiction des actionnaires de la banque de Law, et Dumont de Montigny intitula encore son étrange poème didactique, terminé seulement en 1742, *Les Établissements du Mississipi* [1]. Louisiane, incontestablement, aurait été plus poétique !

Louisiane semble, en effet, un fort joli nom ; et notre ancienne colonie l'a, peut-être, échappé belle s'il fut, à un moment, véritablement question d'appeler Manitoumie la région du Mississipi. Une très ancienne carte, conservée à la Bibliothèque Nationale, porte pour titre : *Carte de la Nouvelle découverte que les Pères Jésuites ont faite en l'année 1672, et continuée par le Père Jacques Marquette de la mesme compagnie, accompagné de quelques François en l'année 1673, qu'on pourra nommer en françois la Manitoumie, à cause de la statue qui s'est trouvée dans une très belle vallée et que les Sauvages vont reconoitre pour leur divinité qu'ils appelent Manitou, ce qui signifie Esprit ou Génie.*

Marquette fut, il est vrai, extrêmement frappé, peu après avoir dépassé le Missouri, par l'aspect de « deux monstres en peinture » dont il nous a laissé une description terrifiante [2] ; pourtant le très pieux missionnaire qui voulait donner au Mississipi le nom de Rivière de la Conception [3], n'a jamais dû songer à désigner les contrées qu'il découvrit du mot trop païen de Manitoumie. Chaque Sauvage, d'ailleurs possédant, selon Marquette, un manitou particulier, il aurait au moins fallu dire : Le pays des Manitous.

Jolliet inscrivit successivement, sur deux de ses premières cartes, les noms de *Colbertie ou Amérique occidentale* et de *Frontenasie* ; seulement ces termes désignaient uniquement la région de la rive gauche du Mississipi, comprise entre le Wisconsin et la Rivière des Illinois, contrée qui resta toujours beaucoup plus canadienne que louisianaise. Jolliet attribua en même temps le nom de *Divine*, surnom de la Comtesse de Frontenac, à la Rivière des Illinois ; mais le Gouverneur, en mari peu galant, trouvant sans doute inutile de perpétuer le souvenir de sa femme en Amérique, changea le nom en L'Outrelaise.

Mme de Frontenac et Mlle de L'Outrelaise, amies inséparables, donnaient alors le ton à Paris, et leur entourage les traitait de « Déesses ». « Elles

---

1. Nous avons publié une note sur ce poème dans le *Journal de la Société des Américanistes*, 1914 (t. XI, p. 35 à 56).

2. Joutel aperçut simplement « deux méchantes figures crayonnées en rouge, sur la face d'un rocher de huit ou dix piez » (*Journal Historique du dernier Voyage de M. de La Salle*. Paris, 1713, p. 325).

3. Marquette avait reçu du comte de Frontenac les instructions nécessaires pour entreprendre la découverte du Mississipi le jour de la fête de l'Immaculée Conception.

exigeaient, dit Saint-Simon, l'encens comme Déesses, et ce fut, toute
leur vie, à qui leur en prodiguerait. » Le Duc ajoute ailleurs : « Frontenac
préféra vivre et mourir à Québec, plutôt que de mourir de faim ici, en
mortel, auprès d'une Divine. »

Une belle œuvre, dénuée de titre, semblant toujours incomplète,
Cavelier de La Salle se garda bien de commettre l'oubli de Marquette, et
suivit, au contraire, l'exemple des auteurs qui arrêtent le titre de leur
ouvrage avant d'en avoir écrit la moindre ligne. Dès que le programme
de ses explorations se trouva tant soit peu fixé dans son esprit, le futur
Découvreur s'empressa de baptiser du nom de Louisiane les contrées
avoisinant les Grands Lacs et toutes celles où le conduiraient un jour le
courant du Mississipi ou les flots de la mystérieuse Chukagua [1].

La Salle alla même encore plus loin ; et du simple titre de ses découvertes, encore extrêmement conjecturales, prétendit tirer un bon titre de
propriété sur des milliers et des milliers de lieues carrées. D'après lui,
son domaine particulier s'étendait déjà, en 1681, sur toute la région
avoisinant le lac Michigan, et il s'éleva avec violence contre une demande
de concession faite par Jolliet, qui avait pourtant découvert, six ans avant
lui, la Rivière des Illinois. L'indignation de La Sallé, possédant lui-même
un poste clandestin de traite à la baie des Puants [2], éclata également
d'une façon fort bruyante à la nouvelle que Greysolon du Lhut, « un
déserteur », imitait son exemple dans le pays des Sioux.

Du Lhut avait commis aux yeux de La Salle un véritable acte de bri-
gandage en se permettant de découvrir toute une partie de la contrée
des Sioux un an avant l'arrivée du Père Hennepin, et en plantant les
armes du Roi, dès le 2 juillet 1679, au village des Isatis [3]. La Salle ignorait alors que du Lhut se livrait à la traite, non seulement pour son
compte, mais encore pour celui de Frontenac.

*
* *

Le Père Hennepin, malgré les diverses insinuations qu'il lança, ne
prit, très certainement, aucune part au baptême de la Louisiane, et La

1. Voir p. 32.
2. Green bay, située au Nord-Ouest du lac Michigan. La Salle s'était engagé « à
ne faire aucun commerce, ni dans le lac Supérieur, ni dans la Baye des Puants »,
et, bien qu'il raconte lui-même son séjour en cet endroit, il déclara ensuite :« Je n'ai
été ni dans la baye des Puants, ni dans le lac Supérieur. » (Margry, II, p. 231).
3. Ces Indiens, dénommés plus tard Santee, formaient une des tribus Dakota de
la nation Sioux. Les Isatis habitaient alors dans les environs du lac appelé maintenant Mill Lake.

Salle, à qui revient l'honneur de sa découverte, peut être considéré comm
le parrain de la vallée du Mississipi.

Nous ajouterons cependant, à titre de conjecture, que l'abbé Bernou,
« agent » et conseiller géographique de l'intrépide explorateur, pourrait
bien avoir suggéré le choix du nom ; c'est en effet dans une lettre, écrite
le 22 août 1681 en réponse aux conseils et aux questions de Bernou [1],
que La Salle employa pour la première fois, dans sa correspondance, le
nom de Louysiane ; et le savant ecclésiastique semblait déjà connaître
ce nom, en France, à la même époque.

L'abbé Bernou, en utilisant la correspondance de La Salle, rédigea,
après l'avoir développée, corrigée et entièrement refondue, une *Relation
des Descouvertes et des voyages du sieur de La Salle, seigneur et gouverneur du fort Frontenac, au delà des grands lacs de la Nouvelle-France,
faite par l'ordre de Monseigneur Colbert. 1679-1680-1681.* On peut facilement dater l'achèvement de ce très long Mémoire du printemps de
l'année 1682, puisqu'il se termine ainsi : « La Salle arriva au commencement d'août à Teyoyagon ; il employa quinze jours à faire transporter
tout son équipage sur les bords du lac Taronto [2], sur lequel il s'embarqua
à la fin du même mois d'août de l'année dernière, 1681. » Un post-scrip-
tum ajoute : « On apprendra, à la fin de cette année 1682, le succès de
sa découverte qu'il avait résolu d'achever, au plus tard, le printemps
dernier, ou de périr en y travaillant. »

Bernou se servit, pour terminer son œuvre, de la lettre datée du *22 août
1681* [3] où La Salle disait : « A l'esgard de la Louysiane — et non Louisiane comme l'a transcrit M. Margry — la bonté du pays et l'abondance
qui s'y trouve des choses nécessaires à la vie pourront servir de fonds
à un establissement bien plus solide que tous ceux qu'on peut faire en
Canada [4]. »

Seulement, ce n'est pas ce passage qu'utilisa Bernou quand il baptisa
du nom de Louisiane la région des grands Lacs, mais une simple indica-

1. La lettre de Bernou, malheureusement perdue, était datée du 2 avril 1680 ; La
Salle lui répondit, en s'excusant de son retard, le 25 août 1681.

2. Le lac Taronto n'est pas le lac Ontario, comme le croyait Gabriel Gravier,
mais le lac Simcoe par où passa La Salle. Teyoyagon se trouvait situé sur la côte nord
du lac Ontario, un peu au nord-est de la ville actuelle de Toronto.

3. Cette lettre, ou plutôt sa copie, porte : « Au fort de Frontenac le 22 août *1682* »,
seulement l'année indiquée résulte, très certainement, d'une erreur de transcription
dont M. Margry ne s'est pas aperçu. Il suffit pourtant de lire ce document, *antérieur
à la découverte du Mississipi,* pour se rendre compte qu'il fut rédigé en 1681. La Salle
se trouvait d'ailleurs, au mois d'août 1682, à plus de trois cents lieues de Frontenac.

4. Margry, II, p. 243. Cette Louisiane, rappelons-le, ne dépassait pas encore la
région méridionale du lac Michigan.

tion contenue dans une Note géographique, datée du 9 novembre 1680.
L'abbé Bernou excellait à présenter avantageusement les découvertes
de La Salle, et, au début de sa Relation, qui dut lui demander plusieurs
mois de travail, retoucha de cette façon la prose de l'explorateur :

<table>
<tr><td align="center">La Salle</td><td align="center">Bernou</td></tr>
<tr><td>« Il y a aussi quelques campagnes sèches et de très bonnes terres, remplies d'un nombre incroyable d'ours, cerfs, chevreuils et poules d'Inde..... »</td><td>« On trouve beaucoup d'autres sortes d'animaux dans ces vastes plaines de la Louiziane ; les cerfs, les chevreuils, les castors, les loutres y sont communs..... » [1]</td></tr>
</table>

La Salle ne parle pas une seule fois de la Louisiane, ni dans cette
Note, ni dans les très longs documents qu'il expédia en France également
au mois de novembre 1680 ; Bernou baptise au contraire ces vagues
campagnes du nom séduisant de Louiziane, élimine les terres arides, et
remplace, prudemment, les ours, bêtes trop féroces, par des castors et
des loutres, animaux beaucoup plus appréciés.

Même si l'abbé Bernou ne fut pas le parrain de la Louisiane, il faut, en
tout cas, le considérer comme le véritable promoteur de sa découverte.
Quand il rédigea son *Mémoire sur le projet du Sieur de La Salle pour la
descouverte de la partie occidentale de l'Amérique septentrionale*, il avait
eu soin de préciser : « entre la Nouvelle-France, la Floride et le Mexique. »
Ainsi, Bernou, dès le commencement de 1678, assigna à la future
Louisiane les frontières mêmes que La Salle devait lui attribuer seulement quatre ans plus tard, et l'abbé pouvait à bon droit écrire, le 11 avril
1684, à une époque où La Salle était en France : « C'est moy qui lui ay
donné la pensée du grand dessein auquel il ne songeait pas [2]. » Les
conceptions géographiques du futur explorateur étaient, d'ailleurs, avant
sa rencontre avec Bernou, extrêmement vagues, et, à son premier retour
en France, il se leurrait encore de l'espoir d'atteindre la Chine en suivant
le cours de l'Ohio !

La Salle obtint, le 12 mai 1678, « la permission de travailler à la dés-
couverte de la partie occidentale de la Nouvelle-France », et s'embarqua
deux mois plus tard pour le Canada ; seulement il commença par se
livrer à la traite, et ses projets de découvertes restèrent encore fort
imprécis pendant deux ans ; les exposer sortirait du cadre de cette étude
et nous les avons déjà étudiés dans *La Découverte du Missouri* [3].

1. Margry, II, p. 97, et I, p. 465.
2. Margry, III, p, 84.
3. Paris, Champion, 1925.

*
* *

D'après M. Margry, l'apparition du nom de Louisiane remonterait à 1679, et il reproduit une donation de La Salle concédant « à François Daupin..... escuyer, sieur de La Forest et à ses hoirs, successeurs et ayant cause, l'isle appelée Belle-Isle et par les Iroquois nommée Yanouniouen [1], située à l'embouchure du lac Frontenac [Lac Ontario], entre les deux isles de Kaouenesgoan. » La Salle stipule, entre autres clauses, que La Forest devra « tenir ou faire tenir feu et lieu sur ladite terre et faire travailler au défrichement d'icelle, dans un an du jour de notre retour du voyage que nous allons faire pour la descouverte de la Louisiane [2] ».

Cet acte, enregistré seulement à Montréal le 11 avril 1682, porte effectivement : « Fait au Fort Frontenac [3], le 10 juin 1679 » ; néanmoins, nous sommes convaincus, pour diverses raisons, que cette donation a été antidatée de deux ans.

La Salle, d'abord, ne s'est jamais servi dans sa correspondance du terme de Louisiane avant le mois d'août 1681. Comment expliquer alors que ce nom, auquel il tenait pourtant beaucoup, ne soit plus réapparu sous sa plume pendant deux ans?

La seconde raison consiste dans la difficulté de comprendre pour quels motifs inexplicables La Forest aurait attendu *près de trois ans* pour faire valider ses droits de propriété par un notaire royal.

Enfin, La Salle, avant son départ pour les Illinois, écrivit *le 22 août 1681* : « C'est pour me débarrasser du soin du fort Frontenac que je suis résolu de le donner à ferme au sieur de La Forest, à qui j'en ai laissé la direction pour cette année [4]. » En 1679, et même l'année suivante, quand La Salle revint à Frontenac, ses projets n'étaient pas encore suffisamment fixés pour qu'il ait pu songer à prendre des dispositions définitives en vue d'une longue absence. Au contraire, ce fut précisément pendant ses séjours à Frontenac et à Montréal, durant les mois de juin et août 1681,

1. Cette petite île, marquée sous le nom de l'Ile à La Forest sur la carte d'Anville, reproduite par Margry en tête de son deuxième volume, se trouve située un peu au nord-ouest de l'île Wolfe.

2. Margry, II, p. 21. Archives Nationales. *Colonies* C[11]c. VII, f° 248. Il devait y avoir certainement Louysiane sur l'original comme sur l'acte de prise de possession de la Louysiane et sur le placet adressé par La Salle le 5 octobre 1682 au gouverneur de Québec.

3. Le Fort Frontenac, appelé plus tard Catarocouy, se trouvait établi sur l'emplacement de Kingston.

4. Margry, II, p. 22.

que La Salle entreprit de mettre un peu d'ordre dans ses affaires fort embrouillées.

Le 11 août 1681, il légua, pour reconnaître « les grandes obligations... et les services signalés » que lui avait rendus son cousin François Plet, « en cas de mort, la seigneurie, propriété de fond et superficie du fort de Frontenac et terres en dépendantes... [1] ». La Salle connaissait la rigueur de ses créanciers, qui ne se gênaient pas pour faire saisir ses marchandises, et prit, pour éviter toute contestation ultérieure sur la propriété de Belle-Isle, l'utile précaution d'antidater sa donation. Le « fidèle » La Forest semble d'ailleurs n'avoir été qu'un simple prête-nom, dont se servit La Salle, pour conserver, quoi qu'il advienne pendant son voyage de découverte, un poste d'observation à proximité de Frontenac.

Cet acte présente cependant un grand intérêt pour la Louisiane, car La Salle, s'étant évidemment borné à modifier l'année, la donation fut rédigée le 11 juin 1681, deux bons mois avant la lettre adressée à Bernou. Cette pièce, même postdatée de deux ans, constitue donc le plus ancien document connu où figure le nom de la Louisiane.

Le 9 avril 1682, La Salle prit possession de tout « le pays de la Louysiane. » Par une coïncidence assez singulière, l'acte de concession de Belle-Isle fut « collationné à l'original » le 11 avril 1682; ainsi, à plus de cinq cents lieues de distance, le nom de Louysiane se trouvait, simultanément, enregistré d'une manière officielle par Jacques de La Métairie, « Notaire du fort Frontenac, estably et commis pour exercer ladite fonction pendant le voyage de la Louysiane en l'Amérique Septentrionale de M. de La Salle », et par son confrère Rageot, « Notaire royal en la prévosté de Québec. »

Donner de sa propre initiative le nom du Roi à une nouvelle contrée ne manquait pas d'une certaine audace, surtout quand on ignorait encore complètement si des Espagnols de la Floride ou du Nouveau-Mexique ne s'y trouvaient pas déjà installés, et une grande circonspection s'imposait incontestablement. Dans sa très longue *Relation*, Bernou n'employa qu'une seule fois le nom de Louisiane — en quelque sorte à titre de ballon d'essai — et se montra tout aussi circonspect dans son *Mémoire pour le marquis de Seignelay sur les découvertes du Sieur de La Salle au sud et à l'ouest des grands lacs*, où il introduisit simplement deux fois le terme de Louisiane.

Deux passages d'une lettre de La Salle, datée d'octobre 1682, semblent indiquer qu'il pensait également donner, à cette époque, le nom de Louisiane à l'Ohio : « La Louysiane, dit-il, n'étant pas à deux journées du lac

1. Margry, II, p. 103.

Erié qui joint le lac Frontenac, qui est un grand fleuve naviguable avec lequel le fleuve Colbert se mesle... Le fleuve Colbert et la Louisiane estant naviguables en barques et sans aucuns rapides, ni saut depuis les lieux voisins des Sauvages qui fournissent les pelleteries au Canada... [1] »

*
* *

Rappelons enfin pour terminer l'histoire du nom de Louisiane, qu'on rencontre assez souvent, à la fin du xviiie siècle, l'expression des Deux Louisianes, et Perrin du Lac intitula son ouvrage, paru en 1805, *Voyage dans les Deux-Louisianes*. L'une était la *Basse*, l'autre la *Haute*, bien plus connue, pendant longtemps, sous le nom d'Établissement, ou de Gouvernement des Illinois.

Il ne faut pourtant pas confondre, malgré la similitude de noms, le *Pays des Illinois*, situé sur la rivière du même nom et où La Salle construisit les forts Crèvecœur et Saint-Louis, avec les *Établissements des Illinois* fondés vingt-cinq ans plus tard [2], sur la rive gauche du Mississipi, un peu en amont de l'embouchure de la rivière de Kaskaskias. Entre le village de ce nom et celui de Cahokias, Boisbriant construisit, en 1720, le fort de Chartres qui devint, par la suite, le centre d'assez nombreuses concessions.

Aucune délimitation précise ne semble jamais avoir existé entre la Haute et la Basse-Louisiane. La seconde dépendait étroitement de la Nouvelle-Orléans, et nul colon, pendant la domination française, ne se risqua, par crainte des Chikachas, à s'établir entre l'Arkansas et l'embouchure de l'Ohio.

Le Page du Pratz proposa même de diviser notre ancienne colonie en trois parties : *La Louisiane Méridionale*, la *Haute* et la *Contrée des Illinois*. « La Haute, dit-il, serait celle où on trouve des pierres, dont les premières se rencontrent entre les Rivières des Natchez et des Yazouts, qui forment un Ecore de grais (grès) très fin, et la bornerons à Manchac où finissent les terres Hautes. La *Basse-Louisiane* s'étendrait de là, jusqu'à la mer. [3] »

En 1763, la Louisiane perdit son nom français : la partie devenue anglaise prit le nom de *Louisiana* et les Espagnols donnèrent, trois ans plus tard, à la rive droite du Mississipi celui de *Luisiana*.

1. Margry, II, p. 293.
2. Le père Marest fonda la mission de Kaskakisas en 1700.
3. *Histoire de la Louisiane*, Paris, 1758, I., p. 162.

CHAPITRE II

LE SOLEIL « LOÜIS » DES ISATIS

La *Description de la Louisiane*, publiée, en 1683, sous le nom du Père Hennepin, fut le premier ouvrage où le nom de Louisiane se trouva imprimé. L'auteur de l'Adresse au Roy, qui ne peut certainement pas être le très peu lettré Récollet, tira, d'un simple détail, un petit chef-d'œuvre de flatterie, et, sous la plume d'un habile courtisan, cette remarque : « Il (Un Sauvage) jettait quelquefois les yeux au ciel, proférait souvent ce nom de Loüis [prénom du Récollet] qui veut dire le soleil [1] », se transforma pompeusement de cette façon : « Sire... Nous avons donné le nom de la Loüisiane à cette grande Découverte, estant persuadez que Vôtre Majesté ne désapprouverait pas qu'une partie de la terre arrosée d'un fleuve de plus de huit cens lieues, et beaucoup plus grande que l'Europe, que nous pouvons appeler les Délices de l'Amérique, et qui est capable de former un grand Empire, fût, dorénavant connüe sous l'Auguste nom de Louis... Il semble, Sire, que Dieu vous avait destiné pour en être le Maître, par le rapport heureux qu'il y a de votre glorieux Nom au Soleil, qu'ils appellent en leur langue Loüis, et auquel, pour marque de leur respect et de leur adoration, avant que de fumer, ils présentent leur pipe avec ces paroles : Tchendiouba Loüis; c'est à dire, Fume Soleil; ainsi le nom de Votre Majesté est à tous momens dans leur bouche, ne faisant rien qu'après avoir rendu hommage au Soleil sous ce nom de Loüis. »

D'après Carver [2], Baudry des Lozières [3] et Umfreville [4], les anciens Dakotas désignaient le Soleil et le Feu, par le mot *Patah*, et la Lune, par *Oweeh* ou *Aoui*. Par contre, MM. Francis Parkman [5] et Stephen Return Riggs [6] donnent au mot *Oouee* ou *Wi* la double signification de Soleil et de Lune. Le son représenté par un L se rencontrant très rarement dans la langue Dakota, le rapprochement de *Oui*, prononciation française, avec le nom de Louis paraît assez ingénieuse.

Toutefois, non seulement le Père Hennepin ne participa en rien au baptême de la Louisiane, mais il avait encore sans doute eu connaissance à Michillimackinac, où il passa l'hiver 1680-1681, de la Relation de Mar-

---

1. *Description de la Louisiane*, p. 224.
2. *Travels through the interior parts of North America.....* Dublin, 1779, p. 408. L'édition française traduit *awah* par *oih*.
3. *Voyage à la Louisiane.....* Paris, an IX, p. 349.
4. *The present of the Hudson's bay*. Londres, 1790.
5. *The Discovery of the Great West*, Londres, 1869, p. 329.
6. *A Dakota-English Dictionnary*, Washington, 1890,

quette, dont le manuscrit resta longtemps conservé dans cette mission. On peut donc se demander si ces deux passages n'avaient pas attiré son attention? « Et de fait, déclare Marquette en parlant du calumet du Soleil, ils le lui présentent pour fumer quand ils veulent obtenir du calme, de la pluye ou du beau temps » et, précédemment, en racontant son arrivée chez les Illinois, il avait dit : « Cet homme estoit debout et tout nud, tenant ses mains estendue et levée vers le soleil... quand nous fûmes proches de luy, il nous fit ce compliment : — Que le soleil est beau, François, quand tu viens nous visiter! »

En 1697, Hennepin, réfugié à Utrecht, publia, sans nul doute en collaboration avec quelque Huguenot, un ouvrage intitulé *Nouvelle Découverte d'un très grand Pays, situé dans l'Amérique, entre le Nouveau-Mexique et la Mer-Glaciale.....* L'œuvre était modestement présentée comme la « Relation de la plus grande et de la plus belle Découverte qui ait été faite dans ce siècle » — « La plus difficile descouverte qui ait jamais été faite par aucun François » avait dit La Salle —. Aussi, pour justifier pareille assertion, le Récollet poussa l'impudence jusqu'à prétendre avoir découvert l'embouchure du Mississipi, deux années avant Cavelier de La Salle !

L'ouvrage était dédié au roi d'Angleterre Guillaume III, et l'auteur offrait généreusement au Prince d'Orange non seulement *sa* Louisiane, mais encore toute la vallée du Mississipi. « Je recueillerai, disait-il, un glorieux fruit de mes pénibles voyages. Sire, s'il pouvait contribuer un jour à faire connaître ces vastes Pays sous l'Auguste nom de Votre Majesté. » Cette offre, qui pouvait sembler une simple gasconnade [1], faillit pourtant enlever à la France la possession de la Louisiane ; un navire anglais pénétra dans le Mississipi, six mois seulement après le débarquement de d'Iberville [2].

Hennepin n'alla pas jusqu'à donner à ses découvertes, qui se réduisent en réalité à la partie du cours du Mississipi, comprise entre l'embouchure du Wisconsin et la région située en amont du Saut Saint-Antoine, le nom de Guillaumania, mais il eut soin, naturellement, de supprimer de l'Adresse le rapprochement, devenu compromettant, entre le Roi Soleil et l'Astre du Jour des Isatis [3].

Louis XIV et le Récollet portaient heureusement le même prénom, et Hennepin se substitua modestement au Grand Roi, d'autant plus facilement

1. Le succès des ouvrages du Père Hennepin fut certainement considérable; M. Dionne en a compté, quarante-six éditions, contrefaçons ou traductions.

2. Voir page 43.

3. A partir de 1704, le nom de Louisiane réapparaît, mais simplement en sous-titre, sur les ouvrages d'Hennepin; par contre, sur certaines de ses cartes, le nom de Louisiane disparaît.

qu'il avait écrit, dans la *Description de la Louisiane*, en parlant de sa cha-
suble dont un Sauvage se pavanait : « Le fils d'Aquipaguetin portait en
triomphe ce qu'il appelait Père Loüis Chinnen, qui signifie, comme je l'ai
appris depuis, la Robe de celuy qui se nommait le Soleil. »

« Au reste, raconte Hennepin dans la *Nouvelle Découverte*, cette rencontre du mot Loüis, qui est souvent dans la bouche de ces Barbares, me
donna quelque espérance du succès de mon entreprise, parce que c'est mon
nom de Religion et qu'ils le prononçaient continuellement. Ils ne conti-
nuent en effet à fumer qu'après avoir rendu hommage au soleil sous ce nom
de *Louis* [1]. » Sachons encore gré à Hennepin de n'avoir pas déclaré que
la Louisiane avait été baptisée en son honneur !

CHAPITRE III

« LA DESCRIPTION DE LA LOUISIANE »

Le Père Hennepin et l'abbé Bernou.

La *Description de la Louisiane, nouvellement découverte au Sud-Ouest
de la Nouvelle France, par ordre du Roy. Avec la carte du pays : les Mœurs
et la manière de vivre des Sauvages, dédiée à Sa Majesté, par le R. P. Louis
Hennepin, Missionnaire Récollet et Notaire Apostolique* (A Paris, chez
la veuve Sébastien Huré, rue Saint-Jacques à l'Image S. Jérôme, près
S. Séverin, MD. LXXXIII, avec privilège du Roy) porte la mention :
« Achevé d'imprimer pour la première fois, le 5 janvier 1683 [2]. » A la
suite de la *Description*, se trouve un opuscule, possédant une pagination
spéciale, intitulé *Les Mœurs des Sauvages*, dont nous n'avons pas à parler
dans cette étude.

Un très grand nombre de pages de la *Relation des Descouvertes et des
Voyages du Sieur de La Salle*, composée par l'abbé Bernou, se retrouvent
copiées presque mot pour mot, dans la *Description de la Louisiane*; aussi
Monsieur Margry, et bien d'autres auteurs après lui, ont signalé et vili-
pendé ce « plagiat » du Père Hennepin.

Nous allons, cependant, prendre cette fois la défense du très peu inté-
ressant Récollet, et montrer que loin d'avoir pillé secrètement la *Relation*, il s'est évidemment borné à introduire dans un ouvrage, dont l'idée
lui fut même peut-être suggérée, quelque deux cents pages remaniées à
son usage par un écrivain habile, ami dévoué de l'explorateur.

1. *Nouvelles Découvertes*, Amsterdam 1698, p. 303.
2. Une seconde édition fut publiée en 1684 et une troisième, beaucoup plus rare,
en 1688.

Bernou, l'abbé Eusèbe Renaudot, directeur de la *Gazette de France*, et Cabart de Villermont, nous semblent avoir d'abord simplement voulu se servir du Récollet pour faire paraître une Relation de la Louisiane rédigée comme ils l'entendaient; seulement, dès que le Père Hennepin eut entre les mains la carte et les documents dont il avait besoin, il s'empressa, sans le moindre scrupule, de se séparer de collaborateurs, jugés par lui trop autoritaires, et termina, à sa façon, le récit de ses voyages.

En tout cas, même si Hennepin avait déjà commencé à écrire un récit de son séjour en Amérique, les amis de La Salle comprirent vite qu'il fallait empêcher à tout prix le Récollet de narrer à sa guise les événements survenus pendant qu'il accompagnait La Salle; et, c'est incontestablement dans l'intérêt du Découvreur, que Bernou substitua sa prose à celle du Père Hennepin, et ne le laissa, bien malgré lui d'ailleurs, suivre son imagination qu'à partir du 1ᵉʳ mars 1680, date à laquelle La Salle prit le chemin de Frontenac et le Récollet celui du Haut-Mississipi.

Hennepin s'était mis en rapport, dès son retour en France, avec Bernou et Renaudot. La Salle, en annonçant au premier la prochaine arrivée du missionnaire, avait eu soin de le mettre en garde contre ses hâbleries. « Il faut, disait-il, un peu le connaître, car il ne manquera pas d'exagérer toutes choses; c'est son caractère; et à moi-même, il m'a écrit comme s'il eust été tout près d'être brûlé, quoy qu'il n'en ait pas été seulement en danger; mais il croit qu'il lui est honorable de le faire de la sorte, et il parle plus conformément à ce qu'il veut qu'à ce qu'il sait [1]. »

« Le pauvre esclave des barbares » — c'est ainsi qu'Hennepin signa une lettre adressée à Renaudot — semblait en effet atteint de la monomanie de la persécution. Voici, à titre d'exemple, un des « outrages » dont il se plaignit vivement d'avoir été victime : « Les insultes, dit-il, que ces sauvages nous firent furent incroyables, car, voyant que notre canot était beaucoup plus grand et plus chargé que les leurs... et que nous ne pouvions aller plus vite qu'eux (*sic*), ils y faisaient entrer des guerriers pour nous aider à ramer, afin de nous obliger à les suivre [2]. » Sans le secours, parfois sans doute, un peu brutal des Sauvages, Hennepin pourtant n'aurait jamais pu atteindre le lac Buade (Mill Lake), et il eut, bien souvent, couru le plus grand risque de mourir de faim.

Les cent dernières pages de la *Description de la Louisiane* permettent amplement de se rendre compte de la façon fantaisiste et personnelle dont le Père Hennepin, abandonné à ses propres inspirations, aurait conté la première année de son voyage en Amérique.

1. Margry, II, p. 259.
2. *Description de la Louisiane*, p. 215.

Hennepin déclare, dans l'Avis aux Lecteurs des *Dernières Découvertes* :
« Je revins à Québec, en 1682 » ; toutefois, il est certain qu'il arriva à
Montréal, où il ne dut pas séjourner très longtemps, vers le mois de
mai 1681, et il partit probablement pour la France deux ou trois mois
plus tard. La Salle, le 22 août 1681, croyait que le Père Hennepin s'était
déjà embarqué.

Le privilège de la *Description de la Louisiane* portant la date du
3 septembre 1682, sept à huit mois, tout au plus, s'écoulèrent donc entre
l'arrivée d'Hennepin à Paris et la remise de son manuscrit au Censeur
royal. Le missionnaire rapportait probablement du Canada quelques
notes et diverses copies, notamment celle d'un vocabulaire de *Racines
agnières* composé par le Père Bruyas ; néanmoins, sans collaborateur,
sans protecteur, en mauvais termes avec les Jésuites, et même avec
quelques Provinciaux de son Ordre, malgré les imprimatur des Pères Har-
veau et Micault, Hennepin n'aurait jamais pu, en quelques mois, se
procurer (on ne voit d'ailleurs pas comment) le manuscrit de Bernou, le
remanier habilement, trouver un éditeur et, enfin, obtenir si rapidement
un Privilège pour un ouvrage consacré à la Nouvelle-France, sujet tout
particulièrement délicat, à cette époque de rivalités multiples.

« Le principal intérêt de la *Relation* de l'abbé Bernou, dit M. Margry [1], est dans le fait qu'elle fut présentée à Colbert et aussi communi-
quée au Père Hennepin par son auteur... l'impudent Récollet a commencé ces plagiats par ce document. » Seulement, Bernou, Renaudot et
Villermont possédaient trop de relations dans les bureaux de la Marine,
ou dans celui de la Librairie, pour qu'ils aient pu ne pas avoir connaissance d'un manuscrit déposé clandestinement par le Père Hennepin, et
si l'ouvrage, sous sa forme définitive, leur avait paru présenter finalement plus d'inconvénients que d'avantages, ils n'auraient eu qu'un mot
à dire pour en empêcher la publication. « Le bon effet du mauvais livre
du Père Hennepin me réjouit », dira plus tard l'abbé Bernou.

Il suffit de lire attentivement la *Description de la Louisiane* pour
s'apercevoir qu'elle se divise en deux parties bien distinctes. Bernou, si
on ne tient pas compte de quelques intercalations possibles dans les
feuillets de raccordement, nous semble avoir définitivement abandonné
la plume au Père Hennepin à la page 206.

Le paragraphe commençant par « Nous avions considéré le fleuve
Colbert avec beaucoup de plaisir, et sans aucun obstacle, pour sçavoir
s'il estoit naviguable haut et bas, nous estions chargez de sept à huit

1. Margry, I, p. xxi.

cocqs d'Inde qui multiplient d'eux-mêmes dans ces païs » contraste étrangement, par son style barbare, avec la prose des pages précédentes.

Les modifications ou corrections nécessaires à apporter au texte de la *Relation* de Bernou pour permettre de la publier sous le nom du Père Hennepin étaient nombreuses et souvent fort délicates. L' « ignorant » Récollet — ainsi l'appelait d'Iberville qui l'avait connu personnellement — eut été bien incapable de les effectuer. Comment aurait-il pu connaître, par exemple, les toutes récentes conceptions de La Salle sur le cours de l'Ohio, établir la carte, être au courant des nouveaux noms que les géographes proposaient d'infliger aux lacs canadiens, et savoir qu'il convenait d'adresser un compliment discret au puissant Bellinzani, dont La Salle devait acheter fort secrètement la protection ? Seul, un ami très intime de La Salle pouvait connaître aussi bien toutes ses affaires personnelles.

L'auteur de la *Relation* tenait d'ailleurs trop à son œuvre pour avoir laissé *personne* y toucher, et il n'admettait même pas que La Salle rédigeât un nouveau récit de ses voyages. Bernou écrit de Rome le 28 mars 1684 à Renaudot, après sa réconciliation avec l'explorateur : « Il ne faudrait pas qu'il fasse une Relation, mais seulement des notes de correction et augmentation, chiffrer toutes les pages de *ma* Relation, et il n'aura qu'à marquer la page et un mot ou deux pour servir de renvoy [1]. »

Une étude complète du texte de la *Description de la Louisiane* nous éloignerait beaucoup trop de la véritable Louisiane, et nous allons simplement indiquer les principales modifications apportées au texte de la *Relation*.

1º Suppression de tous les passages consacrés trop spécialement aux affaires personnelles de La Salle.

2º Quelques rares rectifications ; la plus typique concerne l'Ohio, décrit, pour la première fois, comme une rivière se jetant dans le Mississipi.

3º Assez nombreuses corrections purement de style, ou nécessaires à la clarté du texte. Ainsi, « Dans cette pensée » devient « Dans ce dessein » (p. 2). Ensuite remplace Enfin (p. 49) et « Le gouvernement de ce dernier », pouvant amener une confusion, est corrigé par « Le gouvernement du Fort Frontenac », etc. Hennepin n'était certainement pas capable d'exécuter ces savantes retouches.

Par contre, les copistes ou les imprimeurs ont introduit quelques

____

1. Margry, III, p. 79.

coquilles, dont la plus amusante est la transformation en « perroquets » des « pirogues » des Illinois (p. 49).

4° Remplacement systématique, souvent aux dépens de la vraisemblance, de *La Salle* ou de *Il*, par *Nous* ou *On*.

5° Introduction d'un certain nombre d'éloges en l'honneur de l'œuvre des Récollets au Canada. Bernou dut les écrire d'autant plus volontiers qu'il détestait R. N. (Les robes noires des Jésuites) aussi cordialement que La Salle et Renaudot.

6° Développement de quelques passages où la *Relation* résumait très brièvement diverses excursions du Père Hennepin, notamment celle qu'il accomplit en compagnie de La Motte chez les Iroquois (p. 33-42).

Enfin, additions diverses, rédigées évidemment d'après les indications du Récollet, témoin oculaire. Bernou s'efforce de préciser les moindres détails de sa *Relation*, et ajoute, par exemple, après raisins, « dont les grains sont aussi gros que des prunes de Damas » (p. 89), complète la description du Fort Conty, par : « A côté, il y a un fort beau hâvre pour retirer les barques », (p. 32) écrit *Le Griffon* [1], au lieu de « la barque de M. de La Salle », etc.

Hennepin renseigna également l'abbé sur la façon dont chassaient les Indiens, lui décrivit le fameux « manteau d'écarlate bordé d'or » dont La Salle se parait le dimanche [2], et lui fournit un certain nombre d'autres menus détails.

La *Description* parle beaucoup plus longuement que la *Relation* de l'ouragan qui mit en péril *Le Griffon*, le 26 août 1679, sur le lac Huron : « Le Sieur La Salle, dit la première, promit à Dieu s'il nous faisait la grâce de nous délivrer de la tourmente que la première chapelle qu'il ferait ériger dans la Louisiane, serait dédiée à saint Antoine de Padoue. » Ce texte ne peut servir d'argument pour faire remonter l'origine du nom de Louisiane à l'année 1679, car ces lignes furent incontestablement écrites en 1682. Il nous paraît même fort peu probable que le Père Hennepin ait jamais connu le nom de Louisiane au Canada.

La Salle débarqua en France le 23 décembre 1683, très irrité contre la publication de l'ouvrage du Père Hennepin ; il se brouilla bientôt avec Cabart de Villermont, qu'il accusait d'indiscrétion, et se méfia même de l'abbé Bernou pendant deux mois.

---

1. Ainsi nommé « par honneur aux armes de M. de Frontenac ».

2. La Salle emporta ce manteau dans sa dernière expédition. Après avoir bien failli être perdu dans le naufrage de *La Belle*, il finit par couvrir les épaules d'un des assassins du malheureux explorateur. « Ce qui me faisait bien de la peine, raconte Joutel, c'est que Iliems se quarrait des hardes de feu M. de La Salle, dont un d'écarlate. »

Bernou, très certainement de concert avec Renaudot, avait pourtant sagement agi dans l'intérêt de La Salle, et l'explorateur ne pouvait guère leur reprocher que d'avoir mis, ou laissé mettre, Louisiane sur le titre d'un ouvrage paru sous le nom du Père Hennepin. La Salle considérait le nom de Louisiane comme sa propriété exclusive ; toutefois — si nos conjectures précédentes sont exactes — Bernou pouvait peut-être se considérer également comme le parrain de « son diocèse ».

M. Margry cite, dans l'Introduction de son quatrième volume, sans d'ailleurs donner le plus souvent de dates ni de références, quelques extraits de lettres dans lesquelles Bernou semble protester contre toute participation à la *Description de la Louisiane* ; seulement ces dénégations diplomatiques, souvent contradictoires, prouvent simplement qu'il cherchait alors à détourner la colère de La Salle.

Bernou n'avait du reste jamais reconnu sa collaboration à la *Description*, et se brouilla complètement avec Hennepin avant même l'apparition de l'ouvrage ; il paraît donc très naturel qu'il écrive : « Je ne dis rien à M. de La Salle du livre du Père Hempin [1] parce qu'il m'a mis trop en colère en le lisant en voyage. *Il serait pourtant bon que M. de La Salle en eust un exemplaire* [2] », et, un peu plus tard : « Qu'il n'oublie pas de donner honnestement sur le dos de Dom Hempin pour faire sa vengeance et la mienne. » Hennepin avait évidemment apporté, dans la *Description*, des additions qui déplurent à l'abbé.

Quand le ressentiment de La Salle commença à se calmer, Bernou écrivit à Renaudot ces lignes pleines de sous-entendus : « Ce que vous me dites du bon effet du méchant livre du Père Hempin me réjouit. » Ce qui voulait dire que si la publication de la *Description de la Louisiane* avait pu blesser l'amour-propre de La Salle, ce dernier commençait pourtant à reconnaître qu'elle facilitait, en faisant connaître son nom et ses voyages, la réalisation de ses nouveaux projets. Le Roi n'avait-il pas écrit, le 4 août 1683, à M. de La Barre, gouverneur du Canada : « Je suis persuadé comme vous que la descouverte du Sieur de La Salle est fort inutile [3]. »

« J'ai pensé et repensé, écrit Bernou à Renaudot, à ce que vous me dites de la relation manuscrite de notre amy [La Salle], mais je ne peux pas l'avoir prestée ni à luy [Villermont], ni à personne, vous excepté, et je m'en défendais, parce qu'il y était parlé de ses affaires particulières.

---

1. La Salle, Bernou et Tonty écrivent *Hempin* ou *Henpin*. Comme on ne possède aucun renseignement sur l'état-civil du Récollet, c'était, peut-être, son véritable nom.

2. Cette lettre est datée du 1ᵉʳ février 1684.

3. Margry, II, p. 310.

Je croirais bien plustost que le mal aurait été fait au Canada ou en chemin, le paquet m'ayant été rendu décacheté et des *pages entières effacées*, comme vous le savez, qui me donnèrent tant de peine à déchiffrer et où estait ce qu'il y avait de vérités plus fâcheuses... Ce qui me fait croire que je ne luy ai pas donné [à Villermont], c'est que j'ai toujours été d'avis qu'il ne fallait pas faire imprimer sa Relation, n'y publier le détail de ses affaires [1]. »

Le document dont il s'agit est peut-être la lettre publiée par M. Margry sous le titre de *Relation de Cavelier de La Salle du 22 août 1680 à l'automne de 1681* (?) ; elle faisait suite à celle du 29 septembre 1680, et permit à Bernou de terminer sa *Relation des voyages et des Descouvertes du Sieur de La Salle, 1679-1680-1681* ; seulement, pas une seule ligne, écrite par La Salle, ne se retrouve dans la *Description de la Louisiane*, et Hennepin n'a certainement jamais eu connaissance de la correspondance de La Salle. L'explication proposée par Bernou semble d'ailleurs assez puérile ; les ennemis de La Salle, au lieu d'effacer quelques passages, en effet assez compromettants, auraient eu, au contraire, le plus grand soin de les conserver après les avoir copiés.

Le 29 février 1684, Bernou écrivit de Rome à l'abbé Renaudot : « ...Tout cela sans préjudice de la carte de M. de La Salle et de la suite de ses descouvertes, pour lesquelles je vous recommande, *iterum atque iterum, de l'enfermer dans votre chambre. Si vous estiez à ma place et moy à la vostre, je ne serais pas bon à donner aux chiens* [1]. » Bernou, pour nous, fait sans doute allusion à la carte reproduite dans la *Description de la Louisiane*, dont l'auteur ne peut évidemment pas être le Père Hennepin.

Renaudot parvint à calmer La Salle et à le réconcilier avec Bernou qui s'empressa alors d'écrire le 28 mars : « Notre ami, Dieu merci, m'a escrit... Il me promet carte, mémoire et relation, *ce que vous croyiez impossible*, parce que vous vous défiez de la Providence de Dieu » ; puis, parlant ouvertement de sa *Relation*, jusque-là bonne à être mise sous clef, il ajoute : « Il ne faudra pas qu'il fasse une Relation, mais seulement des notes de correction et augmentation, chiffrer toutes les pages de ma relation... »

Nous n'avons malheureusement pu découvrir aucun renseignement biographique sur l'abbé Bernou qui a tant contribué à la découverte de la Louisiane. Il était en relations avec Coronelli et tous les savants de l'époque ; il écrivit dans la *Gazette de France* et dans le *Mercure*, mais son nom ne figure pas au catalogue de la Bibliothèque Nationale.

1. Margry, IV, p. ix.
2. Margry, III, p. 74.

Bernou resta toujours l'ami et le conseiller dévoué de La Salle, même quand ce dernier oubliait complètement de régler ses engagements pécuniaires, et pouvait, à bon droit, parler « de l'inclination qu'il avait eue toute sa vie, et dont il n'était pas le maître, pour les colonies françaises [1] ».

1. Margry, III, p. 38.

DEUXIÈME PARTIE

LES FRONTIÈRES DE LA LOUISIANE
DE 1682 A 1819

CHAPITRE IV

LA LOUISIANE DE LA SALLE

Prise de possession de la vallée du Mississipi. — La Rivière des Palmes.
— La Chukagua. — La mystérieuse baie de Spiritu-Santo.

Greysolon du Lhut prit possession du pays des Isatis, appelés également Nadouessioux, le 2 juillet 1679, et le Père Hennepin grava les armes du Roi, l'année suivante, sur un arbre de leur village. Des deux Louisianes, la Louisiane canadienne fut donc la première découverte. On peut essayer de la délimiter, en disant que La Salle revendiquait approximativement, en 1681, une grande partie des États de l'Ohio, du Wisconsin et du Minnesota, un angle du Michigan, l'Indiana, l'Illinois, l'Iowa et même le Missouri, par suite de la rencontre d'une bande d'Otos, indiens établis près de l'embouchure de la rivière Platte.

Cavelier de La Salle s'embarqua sur le Mississipi le 13 février 1682, accompagné de vingt-deux Français et d'une trentaine de Sauvages ou de Sauvagesses, et parvint sans incident à l'embouchure de la rivière des Arkansas, point où Louis Jolliet et le Père Marquette s'étaient arrêtés en 1673.

Le 13 mars 1682, La Salle prit solennellement possession, « du consentement de la nation des Arkansas assemblés an bourg de Kapaha... en vertu de la commission de sa Majesté... du pays de la Louysiane et de toutes les terres, provinces, pays, peuples. nations, mines, minières, ports, hâvres, mers, destroits et rades, et de chacune d'icelles comprises depuis l'embouchure du fleuve Saint-Louys appelé, Ohio, Olighinsipou et Chukagoua, et le long d'iceluy et de toutes et chacune des rivières qui s'y deschargent du costé du Levant [;] jusques à l'embouchure de la Rivière des Palmes du costé du couchant ; le long du fleuve Colbert appelé Mississipi, et de toutes les rivières qui s'y déchargent du costé du levant... »

Une cérémonie, encore plus imposante, se renouvela le 9 avril, sur la rive droite du Mississipi « un peu au-dessus du confluent [à environ trois licues, déclare Nicolas de La Salle, des trois canaux par lesquels le fleuve Colbert se décharge dans la mer [1] ». Un second procès-verbal fut dressé, et La Salle prit soin d'introduire un certain nombre de modifications et d'additions au texte de la prise de possession, rédigé chez les Arkansas.

M. Margry a reproduit ces deux documents ; toutefois, quand il s'agira du second, nous nous servirons, en certains endroits, de la version publiée par M. Gabriel Gravier, d'après l'opuscule introuvable de M. Boimare, dont le texte et l'orthographe semblent parfois préférables [2].

Jacques de La Métairie, notaire de l'expédition, spécifia le 9 avril : « ...Depuis l'emboucheure du *grand* fleuve Saint-Louys, *du costé de l'est*, appelé *autrement* Ohio, Olighin-Sipou [3], ou Chukagoua, *et ce, du consentement des Chaouenons* [4] *Chicachas et autres peuples y demeurant* », ajoute à son énumération de provinces, pays, etc., « *villes, bourgs, villages... pesches, fleuves* et *rivières* », annexe à la Louisiane les contrées parcourues par le père Hennepin, et complète la prise de possession du Colbert-Mississipi par : « Depuis sa naissance, au delà du païs des Scioux, ou Nadouessioux, et ce de leur consentement et de celuy des Otontatas [Otos], Illinois, Matchigamias [Metchigamias], Akansas, Natchez, Koroas,.. jusqu'à son emboucheure dans la mer ou golfe du Mexique, environ les 27 degrés d'élévation du pôle septentrional, jusqu'à l'emboucheure de la rivière des Palmes... » Le texte reproduit par M. Margry porte simplement : « l'embouchure des Palmes. »

Le cérémonial de la prise de possession de la Louisiane a été raconté par plusieurs membres de l'expédition et La Salle en fit rédiger un compte rendu passablement embelli.

Un fond de chaudière en cuivre, sur lequel on grava des fleurs de lys

---

1. Cet endroit, d'après nous, devait se trouver par environ 29 degrés et 13 ou 14 minutes de latitude. Voir *La prise de la possession de la Louisiane* (*Revue Historique des Antilles*. Octobre 1928, n° 1, p. 3).

2. Margry, II, p. 184 et 191, et Gabriel Gravier : *Découvertes et Établissements de Cavelier de La Salle*. (Paris, 1870, p. 390). L'orthographe de toutes ces copies a certainement été retouchée et il devait y avoir partout : Louysiane, emboucheure, etc.

3. Sipou signifiait rivière. Par suite d'une erreur évidente, la version publiée par M. Gravier porte : Olighig.

4. Un chef Chaouenon, venu au fort Crèvecœur des Illinois au mois de février 1681, avait informé La Salle « qu'il demeurait sur une grande rivière qui tombe dans celle de l'Ohio, et, de là, dans le Mississipi » (Margry, II, p. 142).

fut simplement cloué à un poteau « esquari » à coups de hache, et une plaque de plomb portant : *Au nom de Louis XIV, Roy de France et de Navarre, 9 avril 1682* [1] fut enterrée au pied d'un gros arbre, où on attacha une croix rustique. Le Père Zénobe chanta un *Vexilla Regis* et un *Te Deum*, puis trois décharges de mousqueterie terminèrent la cérémonie.

La savante inscription latine : *Robertus Cavelier, cum domino de Tonty legato, R. P. Zenobio Membre Recollecto, et vigenti Gallis, primus hoc flumen, inde ab Illineorum pago, enavigavit ejusque ostium fecit pervium, nono Aprilis 1682*, et la liste gravée des noms de tous les membres de l'expédition n'ont jamais existé que dans l'imagination de La Salle et dans celle du Père Zénobe.

*
* *

Certains termes géographiques, contenus dans les procès-verbaux du 13 mars et du 9 avril 1682, manquent évidemment de clarté et, pour déterminer les frontières de la Louisiane, telles que les revendiquait alors La Salle, il faut, non seulement tenir compte des intentions réelles du Découvreur, mais encore étudier les cartes antérieures dont il se servit, et se souvenir également que l'*Historia del adelantado Hernando de Soto*, composée par Garcilaso de la Vega, et traduite en 1670 par Richelet [2], était son livre de chevet. L'attribution du nom de Kapahah au village des Arkansas constitue une première réminiscence du voyage du Conquistador ; nous en aurons bien d'autres à signaler.

« Le grand fleuve Saint-Louis, appelé autrement Ohio, Olighin-Sipou, ou Chukagoua [3] », paraît une rivière plutôt énigmatique, et la mention de la Rivière des Palmes demande quelques explications d'autant plus nécessaires que M. Frank Bond, dans une étude, publiée en 1912 par les soins du gouvernement des États-Unis [4], a placé ce petit fleuve à quatre cents bonnes lieues de son véritable emplacement !

La Salle, si l'on a soin de rétablir la ponctuation nécessaire, indique très clairement, sur l'acte du 13 mars, la Rivière des Palmes « du costé du couchant ». Pierre Bertius, Sanson d'Abbeville et Hubert Jaillot avaient d'ailleurs, fort bien marqué sur leurs cartes de 1598, 1650 et de 1674,

---

1. Ou : *Louis le Grand, Roy de France et de Navarre règne. Le 9 avril 1682.*

2. *Histoire de la Floride ou Relation de ce qui s'est passé au voyage de Ferdinand de Soto, pour la conqueste de ce pays, composée en Espagnol par l'Inca Garcilaso de La Vega, traduite en françois par P. Richelet. Paris, 1670.* Une nouvelle édition parut en 1711.

3. La Salle écrivait Chukagua indifféremment de diverses manières.

4. *Historical sketch of « Louisiana » and the Louisiana Purchase.* Washington, overnement Printing Office, 1912.

l'emplacement de ce petit fleuve dont les eaux arrosent le Mexique septentrional ; néanmoins, M. Bond s'appuyant sur ce que Pamphilo de Narvaez avait obtenu, en 1526, la concession de toutes les contrées qu'il découvrirait entre le Cap de Floride et la Rivière des Palmes, en a conclu que ce fleuve coulait en Floride, et l'a même identifié avec un des petits cours d'eau qui se jettent dans Saratosa bay, prolongement méridional de la grande baie de Tampa.

Par suite de cette erreur fondamentale, qui n'est hélas ! pas la seule [1], M. Bond attribue à la Louisiane française du xviiie siècle plus de cent cinquante lieues de côtes orientales sur lesquelles la France n'émit jamais de prétentions, et la configuration de notre ancienne colonie se trouve étrangement défigurée sur la plupart des cartes historiques jointes à son ouvrage. Si Louis XIV et Bonaparte demandèrent, d'ailleurs en vain, à l'Espagne, le premier Pensacola, le second la frontière des Apalaches, ce fut toujours à titre de cession bénévole [2].

Les Conquistadors — et La Salle rêva toujours d'ajouter son nom aux leurs — ne se contentaient pas de prélever un ou deux pouces de côtes marquées sur quelque portulan, et Narvaez s'était, en réalité, fait octroyer par le roi d'Espagne toutes les contrées, encore complètemen, inconnues, situées entre la pointe de la Floride [3] et le Rio de las Palmas, désigné, en 1521, pour servir de limite, entre le Mexique et un hypothétique Gobierno de Las Palmas.

La conquête des plaines extrêmement arides qui s'étendent au nord de la Rivière des Palmes ne dut guère tenter les compagnons de Cortez, partis à la découverte du littoral du golfe du Mexique, et leurs bandes ne semblent pas avoir dépassé l'embouchure de cette rivière ; telle fut sans doute la raison pour laquelle ce cours d'eau sans grande importance, dénommé par la suite Rio San Fernando, Presas et del Tigre, servit d'abord de limite septentrionale au gouvernement de Panuco, et, par suite, de frontière entre le Vieux et le Nouveau Mexique [4].

Narvaez périt tragiquement, en 1528, sur la côte de son nouveau domaine [5] ; Hernando de Soto mourut en 1542 sur les bords du Mississipi sans avoir découvert la moindre mine ; la tentative faite par Tristan de

1. Voir p. 37, 49, 61 et 63.

2. Voir pages 50 et 61.

3. La côte orientale de la Floride avait été découverte, en 1512, par Ponce de Leon.

4. Un peu plus tard, le Guastecas s'étendit jusqu'au Rio Bravo, puis, quand la province de Nuevo Santander fut créée, le Mexique atteignit le Nueces, petit fleuve du Texas.

5. Sa barque gagna le large et « depuis, dit son compagnon Nuñez, on n'en entendit plus parler ».

Luna de s'établir en 1559 dans la baie de La Mobile échoua piteuse-
ment, et les Espagnols délaissèrent alors, pendant cent-cinquante ans,
toutes les contrées situées entre la presqu'île de la Floride et le Nouveau-
Mexique.

La Salle choisit la Rivière des Palmes pour servir de limite à ses
futures conquêtes, non seulement parce que Sanson d'Abbeville et Jaillot indiquaient ce petit fleuve comme frontière septentrionale du Mexique,
mais encore pour la raison que Garcilaso de La Vega en parlait
comme d'une rivière où les Espagnols ne s'étaient pas établis : « Les
Espagnols, dit-il, se gouvernèrent de la sorte treize jours et firent plusieurs lieues, sans qu'ils en puissent dire positivement le nombre. Car
ils n'avaient fait aucune réflexion, et n'avaient songé qu'à aborder au
fleuve des Palmes dont ils croyaient n'être pas fort loin [1]. »

Les compagnons de Soto mirent en réalité sept semaines pour atteindre
Panuco dans leurs mauvaises embarcations ; pourtant La Salle trouvait
ce chiffre de treize jours exagéré. « Le temps, dit-il, qu'il leur fallut
pour se rendre au Mexique a encore moins de vraisemblance, l'embouchure du Mississipi n'en pouvant être loin, puisque nous avons veu une
chemise de maille, deux mousquets et des estocades-espagnols dans
deux villages, l'un situé sous le 29e degré, et l'autre sur le 30e degré,
qu'ils nous ont fait entendre avoir veu des gens barbus comme nous [2]...»

Certains de ces objets pouvaient provenir de l'expédition de Soto,
d'autres, du débarquement ou du naufrage de quelques flibustiers, mais
La Salle tenait à faire tomber le Mississipi dans le voisinage du Nouveau-
Mexique, et il déclara dans sa *Relation* de 1683 [3]. « Le Mississipi est éloigné
d'environ 30 lieues du Rio Bravo, de 60 du Rio des Palmes et de 90 à
100 lieues du Rio Panuco, où est la plus prochaine des habitations espagnoles sur la coste. » Ces trois distances, en suivant le littoral, sont, en
réalité, de 250, 285 et 340 lieues.

La Salle ne pensait donc avoir pris posssession le 9 avril 1682, que d'une

1. Traduction de Richelet, p. 371. « Jean Danhusco, raconte le gentilhomme d'Elvas,
compagnon de Soto, soutint que selon les cartes qu'il avait vues, la côte, jusqu'à
la rivière des Palmas courait de l'est à l'ouest, et que, depuis cette rivière jusqu'à
la Nouvelle-Espagne, elle allait du nord au sud. » *Hist. de la Conquête de la Floride*
par un gentilhomme d'Elvas, traduction de D. M. C. (Citri de La Guette), Paris, 1685
p. 272.

2. Margry, II, p. 198.

3. *Relation de la Descouverte de l'embouchure de la Rivière du Mississipi dans le
golfe du Mexique, faite par le sieur de La Salle, l'année passée 1682.* (Arch. Hydr. 67,
n° 15.) Ce mémoire a été publié par Thomassy (*Géologie pratique de la Louisiane*.
Paris, 1880), et reproduit également par M. Gravier (*Découvertes et Etablissements de
Cavelier de La Salle*. Paris, 1870, p. 377).

soixantaine de lieues de côtes, toutes situées à l'Ouest du Mississipi. Ses prétentions étaient modestes, mais les Américains, par la suite, se sont chargés de rectifier l'erreur de La Salle, en son nom, mais à leur profit [1].

*
* *

La Salle et l'abbé Bernou, son conseiller scientifique jusqu'en 1683, avaient soigneusement étudié tontes les cartes du golfe du Mexique connues de leur temps. Nous allons simplement en signaler quelques-unes qui permettent de se rendre compte des connaissances géographiques de La Salle en 1682, ou en 1684, et expliquent, du moins en partie, ses erreurs et ses contradictions perpétuelles.

Ces documents consistent : d'abord dans quelque portulan espagnol assez semblable à celui que conserve la bibliothèque de Weimar, ensuite, dans diverses cartes de Pierre Bertius ou de Pierre du Val, notamment celle que ce dernier publia en 1672, dans la *Géographie Universelle*, enfin dans *l'Atlas* de Sanson d'Abbeville et la *Carte de l'Amérique sep-tentrionale, divisée en ses principales parties*, dressée par Hubert Jaillot, en 1674.

Le portulan espagnol de Weimar fut dessiné vers 1526, peu de temps après le retour de l'expédition de Francisco de Garay et de Pineda. Sur l'emplacement de la future Louisiane se trouve inscrit : « Tierra que aora va apoblar Panfilo de Narbaez [2]. »

Une carte de ce genre servit à La Salle, au moins pendant sa naviga-tion dans le golfe du Mexique. Beaujeu, commandant du *Joly*, écrivit du Petit Goave, le 24 octobre 1684 : « Du Chesne m'a prêté un routier espagnol du golfe écrit à la main. » Le portulan de Weimar explique pourquoi Beaujeu comptait aller mettre son navire dans l'estuaire inexis-tant de la Madeleine, non marqué sur la carte de Jaillot, et les trois indications de Motas (Levées), de San Salvador, précédé d'une ancre, et d'Ancones (Hâvre), dont les pilotes du *Joly* firent, d'après Jaillot, le Matas (Petits arbres) de San Salvador, montrent comment le mouillage de San Salvador devint un cap broussailleux.

Sur ce vieux portulan, dont nous donnons un croquis simplifié, la *P. Llana* (La pointe Plate), environnée de trois îlots, représente très certai-nement le delta du Mississipi, terminé par trois pointes, disposées en éven-tail. L'*Ancon Baxo* figure la baie d'Apalaches, et les *Rios de San Juhan, de Mebes* et de *Flores* ne peuvent être que l'Apalachicola, l'Escambia et la Rivière de La Mobile.

---

1. Voir p. 49 et 50.
2. « Terre que va maintenant peupler Pamphile de Narvaes. »

El Cañaveral (Le champ de cannes) paraît n'avoir ici qu'une signification descriptive, comme tant d'autre indications marquées sur la carte, mais ce mot devint par la suite le nom d'un fleuve fantaisiste qui pouvait représenter tantôt le Mississipi, tantôt la Rivière de La Mobile.

À l'ouest de la Punta Llana, l'*Ancones* (Hàvre) placé près du nom de *San Salvador*, doit être l'embouchure de la Sabine, et *Motas* indique

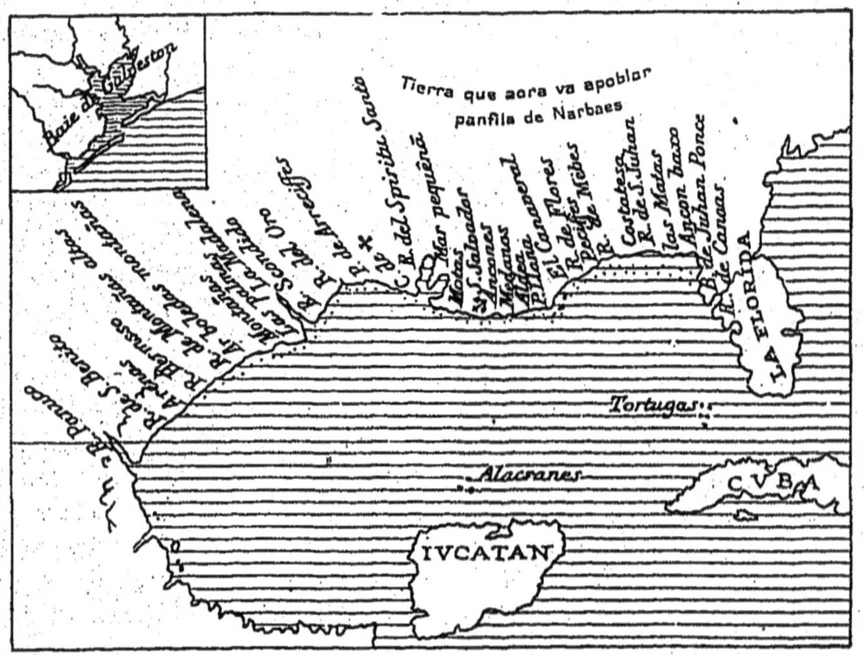

Carte 1. — Croquis simplifié du portulan de Weimar, 1526.

très probablement la configuration de l'étroite presqu'île de Bolivar qui ferme au sud-est la baie de Galveston.

La *Mar Pequeña* représente incontestablement cette dernière baie, dont les contours, malgré la mauvaise orientation de la côte, se trouvent assez bien reproduits pour l'époque, et qui, de toutes les lagunes de la côte, pénètre le plus avant dans les terres. Le *Rio Spiritu Santo*, qui fit, par la suite, donner son nom à la baie, placé à l'ouest, se superpose mieux au San Jacinto qu'à la Trinity, fleuve cependant plus important.

Alphonse de Saintonge, dans sa *Cosmographie*, terminée en 1854 [1] indique déjà très correctement « la baie du Sainct-Esprit à cens ou cens-cinq lieues à l'occident de la rivière qui a tant de baptures.... et qui

1. Publiée par M. Musset. Paris, 1904.

est par les vingt-et-neuf-degrés », latitude exacte du delta du Mississipi.

L'identification des noms, à l'ouest de la *Mar Pequeña*, devient plus délicate, par suite de diverses erreurs de tracés et de distances. Pourtant, étant donné qu'entre le Rio Panuco et le Rio Grande ou Bravo, il n'existe que deux petits fleuves, et que toute la région du littoral du Texas est extrêmement plate, le *Rio de San Benito* et *le Rio Hermoso*, près duquel se trouve inscrit *arenas* (sables) doivent être le Rio Soto la Marina et le Rio del Tigre ou San Fernando, la véritable Rivière des Palmes. Le *Rio de Montanas altas* (Rivière des Hautes Forêts) serait ainsi le Rio Bravo[1], au sud duquel commencent, en effet, les ramifications indiquées de la Sierra Madre.

Les autres noms deviennent alors un peu plus faciles à identifier, sauf la *P. de Arrecifes*, banc de sable sans doute disparu comme certaine pointe aperçue dans la même région par La Salle, le 18 janvier 1685. Le *Rio del Oro* représente le Brazos, et le *Rio-Scondido* (Rivière Cachée), le Colorado dont l'embouchure se trouve située au fond d'une des anses de la baie de Matagorda.

Le vaste estuaire où se jette la *Magdalena* pourrait représenter ou la baie San Antonio ou celle de Corpus Christi, au fond desquelles se jettent le Guadalupe et le Nueces, mais ce nom de Madeleine a été appliqué successivement à presque toutes les rivières du Texas, même à la Sabine, et, sur beaucoup d'anciennes cartes, la Madeleine paraît représenter le plus souvent le Rio Bravo. « Je compte, déclarait en 1697 M. de Louvigny, remonter le Rio Bravo, que les Français ont nommé la Madeleine. » Ce fleuve ne possède pas d'estuaire, mais se jette entre les lagunes Madre qui, du nord au sud, s'étendent sur une longueur de près de cent lieues.

Un peu à l'ouest de l'embouchure de la Madelaine, se trouve inscrit *Las Palmas* ; toutefois ce nom ne semble avoir ici qu'une signification descriptive, comme arenas, motas, matas, medanos (dunes) ou cañaveral, et nous traduirons « Las Palmas » simplement par Palmeraie ; seulement ce mot a dû être transformé par la suite, comme Cañaveral, en nom de rivière.

L'acte de prise de possession du 13 avril 1682, porterait simplement « l'embouchure des Palmes », suivant le texte publié par M. Margry. *Si* cette version se trouvait être la plus exacte, ne serait-ce pas, en examinant une ancienne carte espagnole portant, près d'un large estuaire, la simple indication de *Palmas*, que La Salle supprima le mot rivière ?

La *Carte de l'Amérique, corrigée et augmentée dessus toutes les autres*

---

1. Le Rio Bravo, appelé également Rio Grande ou Rio del Norte, portait encore parfois le nom de Rivière Verte à la fin du XVIIe siècle.

ci devant faictes, publiée par Pierre Bertius en 1598, présente non seulement l'intérêt d'indiquer déjà d'une façon assez exacte la position de la
rivière des Palmes, mais encore de tracer un Rio Cañaveral et une rivière
du Saint-Esprit formant une sorte d'U renversé. Pierre du Val adopta
cet étrange système hydrographique, et c'est très certainement l'étude

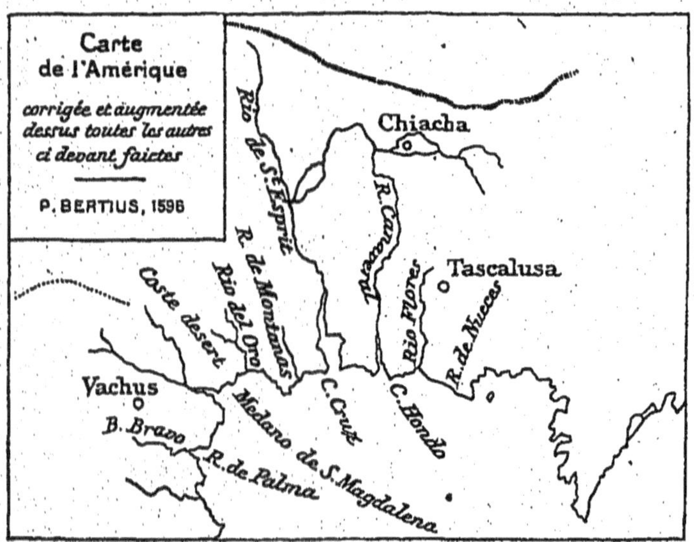

Carte 2. — Croquis simplifié de la carte de Pierre Bertius.

des cartes de ces deux géographes qui, jointe à la lecture continuelle de
l'ouvrage de Garcilaso de La Vega, affermit La Salle dans l'idée de l'existence d'une très grande Chukagua « plus large que le Colbert » qui, tout
en communiquant avec le Mississipi, constituait pourtant une rivière
indépendante.

La *Carte de l'Amérique septentrionale*, publiée en 1674 par Hubert
Jaillot, montre la façon dont les géographes français se représentaient
alors le littoral du golfe du Mexique. Minet, l'ingénieur de la dernière
expédition de La Salle, traça sa carte sur celle de Jaillot, tout en y
apportant un certain nombre de modifications d'après les indications de
La Salle.

Ces changements furent la plupart des plus fâcheux. La Salle commença, pour pouvoir tracer à son aise un immense Ohio-Chukagua, par
reporter de dix degrés vers l'est — c'est-à-dire en plein Atlantique —
toutes les côtes du Maine et du Canada, puis repoussa également du côté
de la Floride. Achusi [1] et le Rio Grande, nom donné au Mississipi, avec
celui de Chukagua, par les compagnons de Soto.

1. Ce village indien était situé, d'après certains auteurs, dans la baie de Pensacola, selon d'autres, du côté de La Mobile.

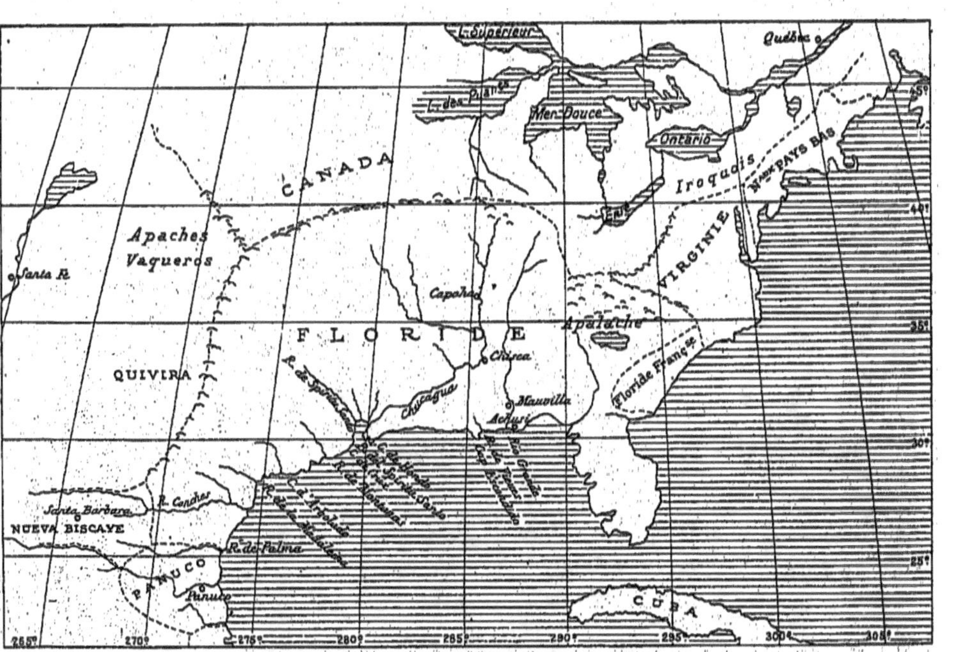

Carte 3. — Croquis simplifié de la *Carte de l'Amérique septentrionale,*
par Hubert Jaillot, 1674.

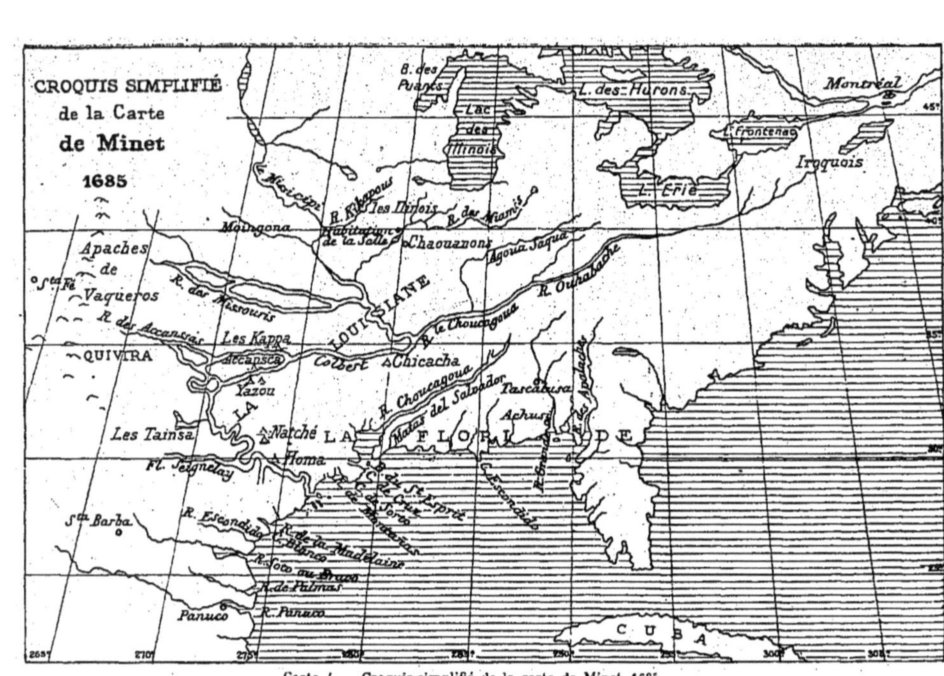

Carte 4. — Croquis simplifié de la carte de Minet, 1685.

La Salle, adoptant ensuite à la lettre toutes les indications complètement imaginaires de Garcilaso de La Vega, tripla les dimensions, déjà fortement exagérées sur les cartes antérieures, de la baie du Saint-Esprit, — l'ancienne Mar Pequeña — et en fit un immense golfe, au fond duquel tombait une seconde Chukagua.

Enfin, quand il s'aperçut que la possession des mines de la Nouvelle-Biscaye, ou l'établissement d'un grand entrepôt de contrebande intéressait décidément beaucoup plus Seignelay que la colonisation du Mississipi, La Salle modifia sa première carte de la Louisiane, et oubliant qu'il venait d'écrire « *Toutes les cartes ne valent rien où l'embouchure du fleuve Colbert est proche du Nouveau-Mexique* »[1], dessina, pour mieux convaincre le ministre, un étrange Colbert coulant pendant plus de deux cents lieues de l'est à l'ouest entre l'Ohio et la rivière des Arkansas. La Salle était un observateur beaucoup trop habile pour avoir pu commettre involontairement une telle erreur d'orientation[2].

Finalement, le Mississipi vient se jeter complaisamment dans le golfe du Mexique sous une longitude qui plaçait son embouchure à plus de six cents kilomètres de son véritable emplacement et tout près du Rio Bravo.

*
* *

Revenons maintenant au fleuve « appelé *Saint-Louis, Ohio, Olighin-Sipou* et *Chukagua* », auquel La Salle avait également attribué, en 1680 ou 1681, et presque indifféremment, les noms de *Ouabache* et de *Baudrane*.

L'Ohio, en 1682, n'intéressait plus guère La Salle, et seul le Rio Grande ou Chukagua, sur lequel avaient navigué les survivants de l'expédition de Soto, continuait à l'attirer. Ce fleuve mystérieux était tout simplement le Mississipi, dont les Espagnols semblaient avoir presque complètement oublié l'existence. Leurs pilotes connaissaient pourtant son embouchure et l'appelaient la Palizada, à cause de l'enchevêtrement de troncs d'arbres pétrifiés qui obstruaient ses bouches[3], mais ils avaient toujours grand soin de passer au large de cette pointe, rendue très dangereuse par le grand nombre d'îlots et de bancs de sable qui s'étendent au nord-est.

Le problème de la Chukagua, résolu définitivement par la découverte

---

1. Margry, II, p. 198.

2. Nous reviendrons prochainement d'une façon plus précise sur cette question dans une Étude consacrée à la Navigation de La Salle dans le golfe du Mexique.

3. « Le Mississipi que nous appelons le fleuve de la Palissade... » dit le Mémoire de la Junte de Guerre de Madrid, daté du 5 juillet 1701. (Margry, IV, p. 565)

de l'embouchure du Mississipi [1], n'en continua pourtant pas moins à
hanter l'esprit de La Salle. Un des défauts du grand explorateur était
l'orgueil, et, s'il consentait à suivre les traces d'un célèbre Conquistador,
il lui répugnait de se borner à compléter une découverte commencée par
un simple Jésuite et un explorateur canadien.

Telle fut la principale raison pour laquelle Cavelier de La Salle baptisa
d'un nouveau nom le cours inférieur du Colbert. Si d'autres, avant lui,
avaient navigué sur la *rivière* du Mississipi, le *fleuve* Saint-Louis et la
Chukagua lui appartenaient, depuis leurs sources jusques à leurs embouchures. N'avait-il pas laissé l'abbé Renaudot soutenir — car lui-même
ne l'a jamais prétendu — qu'il avait, en 1670, descendu presque tout le
cours de l'Ohio [2] ! Sur sa *Carte de la Louisiane*, La Salle inscrivit simplement « pays qu'il a découverts... les années 1679, 1680, 1681 et 1682 ».
« Il a, remarque-t-il fièrement, dans sa *Relation de la descouverte de
l'embouchure du Mississipi*, achevé la plus difficile descouverte qui ait
jamais été faite par aucun François, sans avoir perdu un seul homme,
dans des pays où Jean Ponce de Léon, Pamphile de Narvaez et Fernand
Soto ont péri sans aucun succès, avec plus de deux mille Espagnols....»
La Salle exagérait un peu, car Marquette et Jolliet, accompagnés simplement de cinq Coureurs de bois, étaient parvenus, sans grande difficulté, jusqu'à l'embouchure de l'Arkansas.

Le Saint-Louis-Chukagua-Mississipi, le grand fleuve où fut enseveli
Hernando de Soto, posséda successivement, dans les idées du Découvreur,
autant de sources et d'embouchures qu'un monstre de la Fable comptait
de têtes et de queues. L'Ohio ou Olighin Sipou prenait ses sources près
du lac Frontenac (Ontario) ; le Ouabache, non loin du lac Érié ; la Baudrane, « derrière Oneiout [3] » ; la Chukagua, au nord de la Virginie et la
Suskakoa « proche de la Caroline à trois cents lieues à l'est de la rivière
Colbert, dans la Floride française proche du Palache (Appalache) [4] ».
Enfin La Salle identifia encore le Saint-Louis avec l'Escondido [5].

Cette rivière hybride, après avoir d'abord failli atteindre la Chine, ne
sut jamais si elle devait se réunir, soit directement, soit par l'Ohio, au

---

1. Certains auteurs ont cependant cherché, contre toute vraisemblance, à identifier
la Chukagua soit avec le Tennessee, soit avec la rivière de Tombigbée.

2. Voir *La Découverte du Missouri*, chapitre premier (Paris, 1925).

3. Margry, II, p. 80. Le village des Oneiouts se trouvait au sud-ouest du lac Oneida.

4. Cette rivière, dont La Salle ne parle qu'une seule fois, et sur laquelle habitaient les Chikachas, doit être tout simplement une variante de la Chukagoa ; pourtant
il peut s'agir par suite d'une confusion, de la Susquahenna qui prend sa source
dans le pays des anciens Oneiouts, mais va se jeter dans la baie de Delaware.

5. Margry, II, 198.

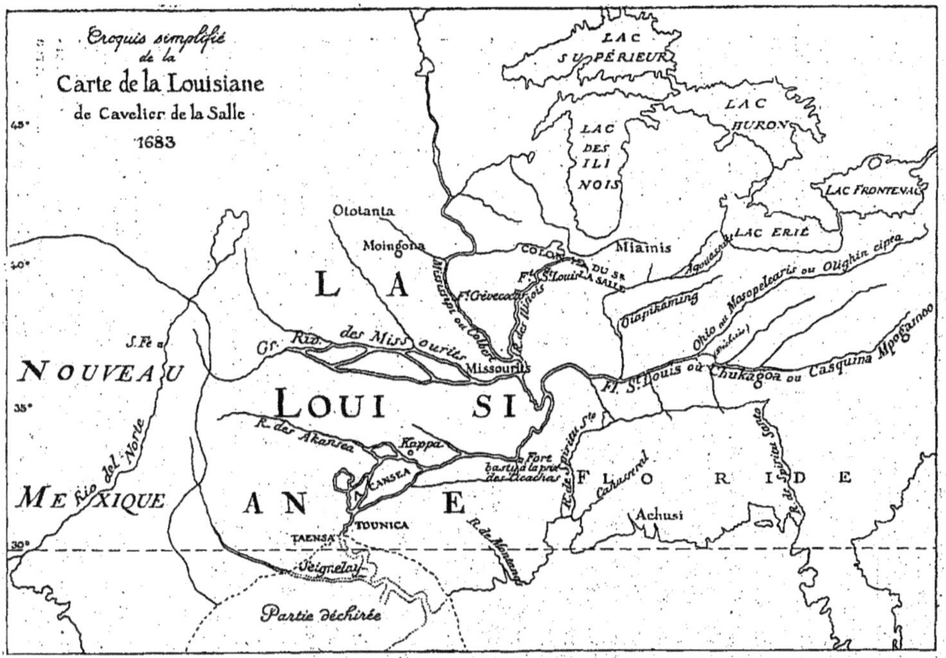

Carte 5. — Croquis simplifié de la Carte de la Louisiane,
de Cavelier de La Salle, 1683.

Mississipi, ou aller tomber directement dans le golfe du Mexique. La Salle
adopta même un système intermédiaire et, sur sa *Carte de la Louisiane
en l'Amérique septentrionale* [1], le « fleuve Saint-Louis ou Chukagua ou
Casquina Mpogamon [2] », va se jeter dans le golfe du côté du Mexique,
après avoir suivi approximativement le cours du Tennessee et s'être grossi
de l'Ohio et de la rivière Mississipi ou Colbert. Seulement, tous les
affluents méridionaux de la Chukagua communiquent, d'une façon fort
étrange, avec une rivière de Spiritu, qui se déversait dans la baie du
Saint-Esprit, tandis qu'un autre Spiritu Santo coule en Floride, mais
prend ses sources sur les bords de la Chukagua.

Finalement, sur la carte dessinée par l'ingénieur Minet, qui reproduit
évidemment les dernières conceptions de l'explorateur, la Chukagua se
dédouble, l'une devient la Chukagua-Ouabache et l'autre un fleuve,
complètement distinct du précédent qui va tomber dans la baie du Saint-
Esprit !

Les hésitations de La Salle paraîtraient inexplicables si on ne connaissait
sa confiance exagérée dans l'*Histoire de la Floride*. « Les Espagnols,
raconte La Vega, crurent d'autant plus facilement qu'ils approchaient de
la mer, que la Chukagua commençait à avoir *quinze lieues de large* [3], si
bien qu'on ne découvrait la terre de costé ni d'autre. On voyait seulement,
vers l'un des bords de ce fleuve, une quantité de joncs si hauts, qu'il
semblait que ce fussent des arbres, et peut-être que la vue ne se trom-
pait pas. Mais on ne s'en voulut point éclaircir davantage..... Le
quatrième jour, ils reconnurent tout à fait la mer, et virent, à leur
gauche, une quantité d'arbres entassés l'un sur l'autre..... [3] »

La Salle avait souvent relu ce passage : « Cette largeur prodigieuse,
dit-il, qu'ils attribuent au canal du Chucagoa, en sorte que, du milieu,
ils ne pouvaient discerner si ce qu'ils voyaient du rivage étaient des
arbres ou des joncs... n'a point de rapport avec la largeur du Mississipi,
qui n'est guère plus large que la Loire, même où il tombe dans la mer. »

Tous les chiffres indiqués par La Vega paraissent prodigieusement
exagérés, et le gentilhomme d'Elvas, dans son *Histoire de la conquête
de la Floride*, dit simplement : « Le fleuve se partage en deux branches,

---

1. *Carte de la Louisiane en l'Amérique septentrionale, depuis la Nouvelle France
jusqu'au golfe du Mexique, ou sont décris les pays que le Sieur de La Salle a découverts dans un grand continent compris depuis 50° de l'élévation du Pôle jusques à 25,
les années 1679, 80, 81, 82.* Cette carte a été reproduite par Margry au commencement de son troisième volume.

2. Ce nom rappelle évidemment celui des Casquins, Sauvages établis sur la rive
gauche du Mississipi, dont parle longuement La Vega.

3. *Op. cit.*, tome II, p. 357.

et chacune d'elles a bien une lieue et demie de large. » Seulement La
Salle n'a pas dû connaître cet ouvrage, dont la première traduction
française parut seulement en 1685.

Bien d'autres difficultés embarrassaient encore La Salle ; ainsi, il n'avait
aperçu nulle part « la grande hauteur de l'escarpe des rivages » qui avait
souvent, d'après La Véga, gêné Soto pour débarquer. « Il marchait,
ajoute La Salle, à cheval et a souvent côtoyé de même les rivages du
Chucagoa. Cela est impossible dans toute l'étendue du Mississipi, où
l'épaisseur des cannes est telle partout qu'elle rend les chemins très
difficiles à des hommes à pied, et on a besoin de ses deux mains pour s'en
tirer. Ils sont inaccessibles aux chevaux [1]. »

La Salle, en donnant au Mississipi huit cents lieues de longueur,
comme Garcilaso de La Vega à la Chukagua, en baptisant un village
arkansas du nom de Kapaha, et en marquant sur sa carte, sur les bords
du Saint-Louis, « le fort basty à la prise des Cicachas [par Soto] » semblait identifier complètement les deux fleuves, et, pourtant, il ne renonça
jamais à découvrir une Chukagua, sinon tout à fait distincte du Mississipi, du moins formant « une de ses grandes embouchures ».

Finalement, de retour en France, La Salle avouait : « *Je ne saurai bon-
nement dire si ces deux fleuves* [le Mississipi et le Chukagoa] *se joignent*[2]. »

*
* *

Le Saint-Louis-Chukagua de La Salle ne pouvant être le Tombigbée,
une des deux rivières formant celle de La Mobile, et se confondant incontestablement avec le Mississipi, le grand explorateur prit simplement
possession du delta du fleuve, et *sa* Louisiane s'arrêtait, du côté de la
Floride, à l'embouchure de la rivière des Perles (Pearl River) qui forme
encore actuellement la limite orientale de l'État américain de Louisiana,
ou, tout au plus, à la rivière des Pascagoulas.

La Mobile, et même peut-être Biloxi, les deux premiers postes français
établis sur la côte, se trouvaient en dehors de la « Louisiane de La
Salle », et Louis XIV hésita plus d'un an avant d'autoriser d'Iberville à
s'installer définitivement dans la baie de La Mobile, où Tristan de Luna
avait fondé un établissement éphémère en 1559 [3].

M. Bond écrit néanmoins dans son ouvrage déjà cité : « Le resserre-
ment de la frontière, malgré les droits que les États-Unis avaient acquis

---

1. Margry, II, p. 198 et 199.
2. Margry, II, p. 197.
3. Après deux ans de privations, les soldats et les colons se révoltèrent et s'em-
barquèrent pour Cuba.

par le traité de 1803, à la région située à l'ouest de la rivière Perdido,
résulte sans doute du fait que les Espagnols s'étaient établis très ancien-
nement dans la baie de Pensacola et au fort Saint-Mark de la rivière
des Apalaches, et à l'ignorance générale des véritables droits des États-
Unis sur tout le territoire situé au *sud du 31° compris dans la Louisiane
dont La Salle avait pris jadis possession... Les véritables droits qu'avait
acquis La Salle sur la côte orientale du golfe du Mexique jusqu'à la
rivière des Palmes semblent avoir été oubliés.* »

L'auteur de cette étrange publication officielle, ajoute même : « Les
droits de la France sur le littoral du golfe entre le Mississipi et la rivière
des Palmes [en Floride !] comme faisant partie de l'ancienne Louisiane,
étaient aussi fondés que ceux de la France sur la vallée du Mississipi [1]. »
Il semble également assez curieux de voir la Louisiane de La Salle délimitée déjà par le 31° degré, quatre-vingts ans avant le Traité de Paris !

Si M. Bond s'était douté où coulait véritablement la Rivière des Palmes,
il eut sans doute immédiatement réclamé l'annexion aux États-Unis d'une
nouvelle région de la province mexicaine de Tamaulipas, déjà rognée en
1848 par les Américains, toujours en vertu des droits *incontestables* de
La Salle et de Bonaparte [2] !

*
* *

Louis XIV approuva l'annexion de la Louisiane au Canada, et accorda
le 14 avril 1684, à Cavelier de La Salle « le commandement tant dans
les pays qui seront assujétis de nouveau sous nostre domination dans
l'Amérique septentrionale, depuis le fort Saint-Louis sur la rivière dès
Islinois jusqu'à la Nouvelle-Biscaye, qu'aux François et Sauvages qu'il
employera dans les entreprises dont nous l'avons chargé [3] ».

Ces entreprises énigmatiques consistaient à remonter d'abord le Mississipi pour fonder un fort à l'embouchure de la rivière Seignelay (Rivière
Rouge), ensuite à trouver un bon port sur la côte et enfin à exécuter, si
possible, un coup de main sur les côtes du Nouveau-Mexique.

Le premier janvier 1685, La Salle débarqua sans s'en douter un instant
à une douzaine de lieues à l'ouest du delta du Mississipi, et son compagnon
Joutel remarqua, sur le rivage, les troncs d'arbres rejetés par le grand

1. *Op. cit*, p. 10 et 11. Cette publication, préparée par les soins des départements
de l'Intérieur et du Commerce, fut approuvée par les chefs de ces deux départements.

2. La République du Texas avait bien — comme Bonaparte — réclamé, en 1836, la
frontière du Rio Bravo, mais elle n'avait pourtant jamais essayé d'occuper la rive
gauche de ce fleuve. Voir page 50.

3. Margry, II, p. 382.

Dès lors, pendant près de dix ans, on n'entendit plus guère parler de la Louisiane, sauf par Tonty qui, à plusieurs reprises, notamment en 1694, demanda « à accomplir la descouverte de M. de la Salle », et par MM. de Louvigny et de Mantet qui proposèrent la même année, de reprendre les projets de La Salle ; pourtant, lors des préliminaires de la paix de Ryswick, Louis XIV prescrivit à ses représentants de ne pas abandonner aux Anglais les pays situés au sud de nos possessions en Amérique. « Sa Majesté, écrivit le Ministre au mois de mai 1697, croit devoir leur faire observer à cet égard que cette rivière [le Mississipi] est le seul endroit par où on peut tirer les marchandises de la Louisiane que Sa Majesté a fait descouvrir il y a plusieurs années et qui lui deviendrait inutile si elle n'estoit pas maistresse de cette emboucheure. » Le même document annonçait secrètement le dessein du Roi « d'envoyer dans peu de temps des vaisseaux pour s'assurer de la possession de ce pays, dont elle peut tirer dans la suite de très grands avantages ».

Ces projets durent être bientôt connus en France, car au mois de décembre de la même année, Argoud, Remonville et plusieurs autres armateurs « sachant que feu M. de Seignelay avait toujours eu le dessein d'établir une colonie puissante dans la Louisiane, et que la guerre seule l'avait empêché de l'exécuter », proposèrent de fonder « une nouvelle colonie au Mississipi ou Louisiane », et demandèrent la concession « en toute propriété, justice et seigneurie, de toutes les terres, places et isles qu'elle pourra occuper dans toute l'étendue du golfe du Mexique, à compter depuis la dernière des habitations espagnoles dans la Floride, jusqu'au Nouveau-Mexique, et, dans la terre ferme, depuis les rivages du golphe jusques à la Rivière des Illinois, soit qu'elles soient abandonnées, désertes ou habitées par les Barbares ; ensemble celle qu'elle pourra conquérir sur les ennemis [1] ».

*
* *

Si La Salle restera toujours le grand explorateur du Mississipi, Le Moyne d'Iberville fut le véritable fondateur de la colonie de la Louisiane ou, plus exactement, puisque ce nom semblait alors fort peu employé, de l'*Establissement du Mississipi.* Les chaloupes du *Marin* [2] et de *La Badine* reconnurent la baié de La Mobile le 1er février 1699 ; d'Iberville pénétra dans le delta du Mississipi le 3 mars, et les travaux du premier fort de

1. Margry, IV, p. 34.
. 2. D'Iberville donne à son navire le nom de *Marin*, mais Guillaume de L'Isle, toujours très précis, l'appelle *Le Cheval Marin.*

Biloxi, établi un peu à l'ouest de l'embouchure de la rivière des Pasca goulas, commencèrent le 5 avril 1699.

Enfin, pour compléter l'occupation française du littoral, d'Iberville traça au mois de janvier 1702, le plan du fort de La Mobile. Notre nouvelle colonie se trouva, dès lors solidement établie ; elle avait pourtant couru — sans même parler de l'hostilité du Canada, qui la déclarait parfaitement inutile, voire même dangereuse — deux périls très sérieux pendant la première année de son existence.

En 1698, deux Louisianes rivales, celle découverte par La Salle et celle revendiquée par le Père Hennepin, se disputaient encore la possession du Mississipi ; et le moine tant soit peu défroqué [1], venait, nous l'avons déjà indiqué, d'offrir à Guillaume III « un très grand pays, situé dans l'Amérique, entre le Nouveau-Mexique et la Mer Glaciale. »

« J'ai découvert, affirmait le Récollet dans l'Epître dédicatoire du *Voyage ou Nouvelle Découverte d'un très grand pays, entre le Nouveau-Mexique et la mer Glaciale*, de nouvelles contrées, qu'on peut appeler, avec justice, les délices de ce Nouveau Monde, et qui sont plus grandes que l'Europe entière. On les voit, dans l'espace de plus de huit cens lieues, arrosées d'un grand fleuve, sur les bords duquel on pourrait former un des plus puisans Empires de l'Univers. »

Hennepin s'appropriait, dans son nouvel ouvrage, toutes les découvertes de La Salle, et pillait effrontément pour les décrire, le manuscrit de Marquette, *Les dernières Découvertes dans l'Amérique septentrionale de M. de La Salle* par le chevalier Tonty, *Le premier Etablissement de la foy dans la Nouvelle France* du Père Chrestien Le Clercq et quelque copie de la *Relation de la Descouverte de l'embouchure de la Rivière du Mississipi dans le golfe du Mexique.*

La *Nouvelle Découverte* ne fournit, naturellement, aucun renseignement nouveau sur le cours inférieur du Mississipi. La carte restitue au Mississipi sa direction nord-sud, mais reproduit toutes les erreurs de longitudes commises par La Salle. Elle montre, également, la façon ingénieuse dont le Récollet savait truquer ses « découvertes ». Il fait tomber le Wisconsin, sur lequel il avait pourtant navigué, dans le Michigan, afin de pouvoir offrir aux Anglais un débouché sur ce lac, place les Illinois dans *sa* Louisiane, à plus de cent lieues au nord de leur contrée, et repousse vers le nord les Isatis, pour les soustraire du Canada et les rapprocher des postes de la baie d'Hudson.

---

1. On pourrait même croire qu'il avait définitivement jeté son froc aux orties, si on ne le retrouvait un peu plus tard à Rome au couvent de Ara Cœli. Dubos écrit à Thoinard, le 1er mars 1701, « qu'il avait emberlificoté le cardinal Spada, lequel lui faisait le fond d'une nouvelle mission pour les pays Mississipiens ».

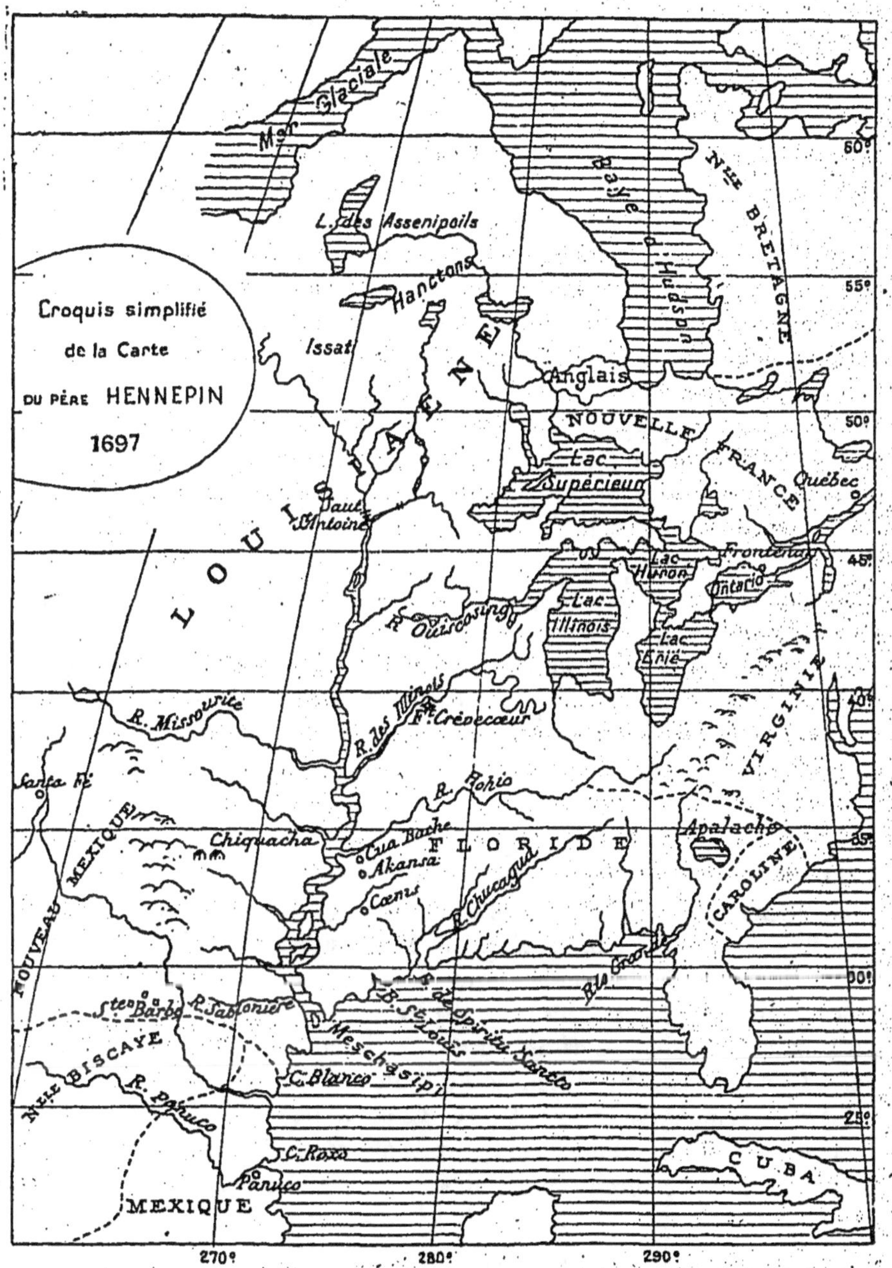

Carte 6. — Croquis simplifié du *Voyage ou Nouvelle Découverte* du Père Hennepin.

Bien d'autres erreurs ou fantaisies peuvent être encore relevées : Hennepin fait du Ouabache, le village de *Cua Bache* ; trace la *Rivière Tamaroa* (R. de Kaskaskias) sur la rive droite du Mississipi, et l'embouchure du *Missourite* en amont de celle de la Rivière des Illinois. De plus, il place les *Chiquachas* à l'ouest du *Mechasipi* et, par contre, les *Akansas* et les *Coenis*, à l'est !

Sur les bords du golfe du Mexique, la baie *Saint-Louis* se trouve entre le Mississipi et la *Baie de Spiritu Santo* dans laquelle se jette la *Chucagua* ; le *Rio Grande* coule en Floride ; le *Rio del Norte* se déverse dans le Pacifique, et une de ses branches, (le Rio Bravo) va, sous le nom de *Rivière de Magdeleine*, se jeter dans le golfe du Mexique.

La façon dont est placé le nom de *Louisiaene* (sic) sur la carte ne laisse aucun doute sur les territoires mis à la disposition de l'Angleterre. Ils s'étendaient du Missouri à la baie d'Hudson, et touchaient à la *Mer Glaciale*, sorte de Passage du Nord-Ouest, et aux lacs Supérieur et Michigan.

« Les délices du Nouveau Monde » présentaient pourtant, avant les découvertes de La Salle, le très grand inconvénient de n'être accessibles que par le Canada. Si le Père Hennepin prétendit avoir, le premier, atteint le golfe du Mexique, ce ne fut nullement, comme on le suppose, par simple vantardise, *mais uniquement pour permettre aux Anglais de revendiquer et d'occuper tout le cours du Mississipi.*

L'Angleterre, dont la politique consistait à encercler le Canada par le nord et par le sud, jugea la proposition intéressante et fit partir, au mois d'octobre 1698 [1], de nombreux Huguenots, embarqués sur trois navires sous la conduite d'un nommé Leu. Seulement le convoi passa l'hiver à Charleston où beaucoup de réfugiés résolurent de se fixer, un des navires retourna en Angleterre, et les deux autres ne mirent à la voile qu'en mai 1699, deux mois après l'occupation du Mississipi par d'Iberville.

Hennepin, reproduisant naturellement toutes les erreurs commises par de La Salle, avait placé l'embouchure du Mississipi sous le 274ᵉ méridien de l'île de Fer ; les pilotes anglais, qui n'avaient pas d'autre carte pour se guider, commencèrent donc par aller chercher le fleuve au fond du golfe du Mexique et ne découvrirent que le fortin établi par les Espagnols à la suite de la dernière expédition de La Salle.

Les commandants résolurent alors de continuer leurs recherches séparément, après s'être donné rendez-vous à un *Cap Blanco* marqué sous le 26ᵉ degré [2], où ils durent avoir, plus tard, quelque peine à se rejoindre.

1. D'Iberville quitta Brest le 24 octobre 1698.

2. D'après certaines anciennes cartes espagnoles, ce cap paraît être le cap San Blas, situé près de la rivière des Appalaches.

Le mieux armé se dirigea vers le sud ; l'autre, armé de douze canons et commandé par le capitaine Bank, longea la côte vers l'orient et finit par pénétrer, au mois de septembre, dans le Mississipi.

Bienville le rencontra par hasard, à environ vingt-cinq lieues de l'embouchure, près de l'endroit appelé encore de nos jours le Détour à l'Anglais, et, payant d'audace, parvint, bien qu'il n'eut que cinq hommes avec lui, à déterminer Bank à regagner la haute mer. La retraite des Anglais a été expliquée de diverses façons, toutes assez peu vraisemblables ; pour nous, la véritable doit être que Bank, peu sûr de ses passagers, connaissait Bienville [1], savait qu'il était Canadien et dut croire tout le Mississipi déjà occupé par les redoutables Coureurs des Bois.

Un Français, « fort suspect aux Anglais », se trouvait à bord. « Il fit connaître et témoigna à mon frère, raconte d'Iberville, qu'il souhaiterait de tout son cœur, et tout ce qu'ils étaient de François réfugiés, que le Roy leur voulust permettre de s'establir en ce pays, sous son obéissance, avec la liberté de conscience ; qu'il respondait qu'il serait bientôt nombre icy, qui estoient malheureux sous la domination anglaise, qui ne pouvoit compatir à l'humeur françoise, et le pria de me charger de la demande pour eux au Roy, et me laissa son adresse à la Caroline et à Londres. » [2]

Un autre danger, beaucoup plus sérieux, menaça l'Établissement du Mississipi l'année suivante. Le gouverneur de La Vera Cruz avait envoyé, quatre mois avant l'arrivée de d'Iberville, deux cent-cinquante hommes occuper la baie de Pensacola « sur l'avis qu'il avait eu que d'Europe on y devait venir. » Le choix de cet emplacement montre à quel point les Espagnols connaissaient mal l'existence du Mississipi.

Une flottille espagnole, composée d'une frégate, d'un brigantin et de deux grandes chaloupes, se présenta, le 23 mars 1700, devant l'entrée de Biloxi. Andrez de Riola, gouverneur de Pensacola se trouvait à bord avec l'ordre formel du vice-roi du Mexique, de s'emparer de tout établissement français ou anglais, fondé sur le littoral du golfe ; seulement la présence, tout à fait inattendue, de trois navires bien armés modifia ses dispositions belliqueuses, « et les visites, qu'on fit de part et d'autre, se passèrent avec beaucoup d'honnêteté. »

Riola repartit le 30 mars, se bornant à laisser à l'adresse de d'Iberville, alors absent, une protestation contre l'établissement des Français, « toute la côte et tout le continent (*sic*) se trouvant sous la domination du Roi d'Espagne. » La frégate de Riola se perdit le lendemain, pendant un orage, sur un banc de sable, et le gouverneur, « en simple veste, » dut venir, dans un canot, chercher du secours à Biloxi.

---

1. D'Iberville avait fait Bank prisonnier à la baie d'Hudson en 1694.
2. Margry, IV, p. 397.

Les cent quarante matelots ou soldats en détresse sur un îlot furent ramenés à terre dès que le temps le permit ; « on régala » et habilla les naufragés, puis les officiers servirent à M. de Riola «des repas magnifiques qui, en France, dans les bonnes tables, n'auraient pas été plus réguliers. » Bref, écrivit M. de Ricouart, commandant de *La Renommée*, « nous leur avons rendu le bien pour le mal ; à quoi, nous n'avons nul regret[1] ».

L'hostilité du Canada contre tout établissement dans le voisinage de l'embouchure du Mississipi fut certainement, avec la guerre de la ligue d'Augsbourg, une des raisons qui empêchèrent, pendant douze ans, de reprendre le projet conçu par La Salle.

L'occupation de Biloxi mécontenta grandement les habitants du Canada qui redoutaient de voir descendre par le grand fleuve une partie importante de la traite du castor. De nombreuses réclamations furent adressées en France à ce sujet, et Callières, gouverneur de Montréal, après avoir commencé par réclamer inutilement le rattachement au Canada de tous les nouveaux postes, demanda, que la région du Ouabache fut, du moins, réunie à son gouvernement.

Louis XIV décida néanmoins, au mois de mai 1701, de rendre « la colonie du Bas du Mississipi » complètement indépendante de la Nouvelle-France. Un *Mémoire sur l'Établissement de La Mobile et du Mississipi*, rédigé sur les indications de d'Iberville, pour réfuter les prétentions de Callières, déclarait : « pour les limites du Mississipi, par rapport au Canada, toutes les rivières qui tombent dans le Mississipi jusqu'à leur source, et les nations, qui sont dessus, doivent dépendre du Mississipi, comme peuvent être toute la nation des Illinois, les Miamis de la fourche de la rivière des Illinois, ou ceux de Ouisconsin, les Pegoucoquias, les Maskoutens, les Kikapous..... Ceux qui doivent dépendre du Canada sont les Sauvages sur les rivières. qui tombent du côté du Canada, comme sont les Miamis de Chicagou... tous les Sauvages qui sont sur les rivières qui tombent dans la baye des Puants[2]... »

Le Ouabache — l'Ohio était à cette époque considéré comme son affluent — fut rattaché, le 14 septembre 1712, *au pays connu à présent sous le nom de gouvernement de la Louisiane*, et le Roi, par Lettres patentes, « établissait le Sieur Crozat pour faire seul le commerce dans toutes les terres par nous possédées et bornées par le Nouveau-Mexique, et par celles des Anglais de la Caroline, tous les établissements, ports,

1. Margry, IV, p. 383, 391 et 540.
2. Margry, IV, p. 591.

hâvres, rivières, et principalement le port et hâvre de l'Isle Dauphine, appelée autrefois de Massacre, le fleuve Saint-Louis, autrefois appelé Mississipy, depuis le port de la mer jusqu'aux Illinois, ensemble les rivières Saint-Philippe, autrefois appelée des Missourys, et Saint-Hiérome, autrefois appelé Ouabache, avec tous les pays, contrées, lacs dans les terres et les rivières qui tombent directement ou indirectement dans cette partie du fleuve Saint-Louis [1]. »

La possession du Ouabache présentait une grande importance pour la Louisiane, cette rivière étant devenue la principale voie de communication avec le Canada ; La Mothe-Cadillac, le nouveau gouverneur de la Louisiane, était pourtant d'un avis contraire, car il reçut, le 8 décembre 1712, un blâme, « pour avoir dit à M. Crozat qu'il ne fallait pas parler de limites, ni de séparer le gouvernement de la Louisiane de celui du Canada, et que cela formerait des contestations qui ne produiraient rien de bon [2]. »

Dans un Mémoire, daté du 15 janvier 1714, le missionnaire Lemaire déclarait : « Le pays de la Louisiane se termine, du côté du Nord, au lieu appelé le Détroit entre le lac Érié et le lac Huron, qui est un gouvernement à part... » La Louisiane n'atteignit jamais les Grands lacs, pourtant elle ne tarda pas à s'en rapprocher.

Les lettres patentes, délivrées à la Compagnie d'Occident le 6 septembre 1717, lui concédaient « la Louisiane avec la même étendue que le Roi l'avait accordée au Sieur Crozat ». Toutefois, trois semaines plus tard, le Roi, « estimant qu'il convient, pour le bien de son service et pour l'avantage et utilité de la Compagnie d'Occident, d'augmenter le gouvernement de la Louisianne, » décida, le 27 septembre, « d'y joindre le pays des sauvages Islinois. »

Le géographe Homann, de Nuremberg, publia, au commencement du XVIIIe siècle, diverses cartes de l'Amérique du Nord. Sur l'une d'elles, non datée, mais qui a dû être retouchée vers 1718 ou 1719, puisque la Nouvelle-Orléans ne s'y trouve pas encore marquée, les limites de la Louisiane sont indiquées d'une façon extrêmement fantaisiste.

Si Homann, qui note pourtant soigneusement Pensacola, Saint-Joseph, Santa Maria di Apalachi (*sic*) et Saint-Augustin comme appartenant à l'Espagne, englobe néanmoins toute la Floride dans la *Ludoviciana*, c'est parce que cette carte lui avait été évidemment commandée par la Com-

---

1. Dernis. *Recueil ou Collection des titres, édits... concernant la Compagnie des Indes*. Paris, 1745-1746, II, p. 503.
2. Arch. Nat. *Colonies* F³, XXIV, f° 126.

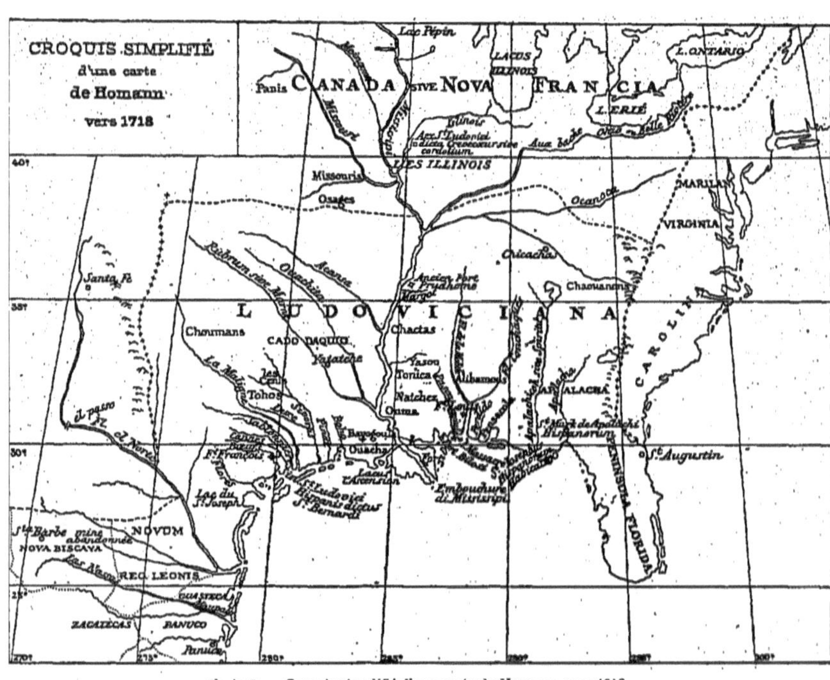

Carte 7. — Croquis simplifié d'une carte de Homann, vers 1718.

pagnie des Indes pour servir à sa propagande en Allemagne, où elle recruta d'assez nombreux colons. La Compagnie fit exécuter, semble-t-il, des cartes analogues en Angleterre, et Hermann Moll inscrivit sur une des siennes : « This country is full of mines. »

Aucune frontière précise ne semble jamais avoir été fixée entre le Canada et la Louisiane. Vaudreuil, gouverneur du Canada et Boisbriant, nommé commandant du Fort de Chartres en 1718, eurent bien quelques petits différends au sujet des limites du pays des Illinois, toutefois, les contestations entre nos deux colonies furent extrêmement rares ; les colons manquaient totalement dans les territoires indéterminés, et les Coureurs de Bois se souciaient fort peu de savoir s'ils relevaient de Québec ou de la Nouvelle-Orléans. La carte détaillée de l'Ohio, dressée par Mandeville en 1740, n'indique encore aucun poste sur cette rivière [1].

Le cours supérieur du Ouabache, *en fait*, ne dépendit jamais de la Louisiane et le fort de Vincennes fut même fondé par des officiers canadiens. Il y eut à certaines époques un commandant du Haut-Mississipi, qui, tout en relevant de Québec, demeurait le plus souvent aux Illinois, et la mission du lac Pépin, formé par un élargissement du Mississipi, ressortit, tant qu'elle vécut, du Canada.

En 1731, date à laquelle la Compagnie des Indes renonça à son privilège et rétrocéda la Louisiane au gouvernement royal, on peut admettre que cette province s'étendait approximativement, au nord, sur la région sud-ouest de l'État d'Indiana, qu'elle englobait plus des trois quarts de l'Illinois, et la partie de l'Iowa située au sud de la Rivière des Moines ; mais, seuls, de hardis Coureurs de Bois parcouraient en maîtres la plus grande partie de ces contrées, et la plupart d'entre eux étaient Canadiens.

La Louisiane *française* ne connut jamais ses limites au nord-ouest, ni ses frontières avec les provinces septentrionales du Nouveau-Mexique. Les trappeurs remontèrent parfois très loin le cours du Missouri, et l'un d'eux se trouvait en 1743 installé dans la région du North Dakota ; mais ces contrées se trouvèrent théoriquement rattachées à la Nouvelle-France quand le chevalier de La Verendrye, parti du fort La Reine (Winnipeg), prit, en 1742, possession du pays des Gens de la Petite Cerise, qui devaient habiter du côté de l'embouchure du Petit Missouri. Seuls, le Père Hennepin et Philippe Buache, pourtant savant géographe, pouvaient s'amuser à faire baigner les rivages de la Louisiane par les flots de la mystérieuse Mer Glaciale, ou par ceux de la légendaire Mer de l'Ouest. Par contre, une grande partie des États américains de Nebraska, Kansas et Oklahoma se trouvait comprise dans la zone d'influence française.

---

1. Arch. Hydrog. 4044ᵉ Cartes particulières, n° 54.

Les Américains ne se contentèrent pas longtemps d'avoir acquis de Bonaparte toutes les régions explorées par les Français, et le gouvernement des États-Unis ne tarda pas à repousser ses frontières occidentales aux cimes des Montagnes Rocheuses [1].

Pour justifier cette extension, les fameux « droits de La Salle » furent rappelés. Selon M. Bond, notre grand compatriote ayant pris possession de *toutes* les rivières qui tombent dans le Mississipi, la Louisiane comprenait incontestablement la partie orientale des États du Montana et du Wyoming [2], et même les sources du Canadian, situées à une douzaine de lieues de Santa Fé, ville fondée par les Espagnols cinquante ans avant la naissance de La Salle [3] !

Seulement, si La Salle, en enterrant une plaque en plomb, avait pu prendre possession d'un territoire cinq fois grand que celui des colonies anglaises d'Amérique, on s'explique mal pour quelle raison M. Bond exclut de cette grande Louisiane une partie du cours de la rivière Milk, affluent septentrional du Missouri, et l'attribue, dès la fin du xviie siècle, au Dominion of Canada ! Seule, une partie du Wisconsin, le bassin de la Rivière Rouge du Nord, se trouve en dehors de la fameuse Louisiane de La Salle.

Bonaparte était moins ambitieux, et les instructions remises le 5 frimaire an XI au général Victor portaient simplement : « La ligne de démarcation est indéterminée vers le nord-ouest, ainsi que toutes celles du nord, qui se perd dans les vastes solitudes dénuées d'établissements européens, où l'on ne paraît pas encore avoir éprouvé la nécessité des limites entre le Canada et la Louisiane ». Néanmoins, M. Bond nous apprend que la France céda, en 1803 aux État-Unis 924, 279 miles carrés, dont la République américaine, se contenta, provisoirement, d'occuper d'abord 827, 987 [4].

La Salle, très certainement, servit fort bien la France, mais encore bien mieux les États-Unis, si on juge par l'abus que fit de son nom et de *sa* Louisiane le gouvernement américain pendant la première moitié du xixe siècle.

---

1. La région située au sud de la rivière Arkansas et à l'ouest du 100e méridien ne fut annexée aux États-Unis qu'en 1846.

2. Ces contrées étaient encore presques inconnues des géographes, même à la fin du xviiie siècle. L'exploration méthodique du Haut-Missouri fut exécutée de 1804 à 1805 par les capitaines Lewis et Clarke et celle des sources de l'Arkansas, du Kansas et la Platte fut commencée, en 1805, par le Major Pike.

3. Francisco Vasquez Coronado, dès 1542, avait pris possession des territoires situés au Nord-Est de la Rivière Rouge, et même, d'après certains auteurs, traversé l'Arkansas.

4. *Op. cit.*, p. 13.

Le cours du San Antonio, parfois le Rio Nueces ou le Guadaloupe, avaient toujours servi de limites occidentales à la province espagnole ou mexicaine du Texas [1]; néanmoins les Américains s'empressèrent, quand ils eurent annexé, en 1845, la République du Texas, de réclamer, toujours en vertu des fameux droits de La Salle et de Bonaparte, le Rio Grande comme frontière avec le Mexique. Puis, quelques aventuriers sans scrupules ayant été tués, peu de temps après, sur les bords de ce fleuve, le Président Polk adressa un message au Congrès pour demander qu'on venge le sang des citoyens américains tombés sur le sol des États-Unis, « on our own soil », déclara-t-il.

Le fougueux Président fit déclarer la guerre, le Mexique succomba, et, en 1848, la Louisiane américaine de La Salle (« original Louisiana ») rentra en possession de 1,477 nouveaux miles carrés, toujours suivant les chiffres indiqués par M. Bond.

La « Louisiane de La Salle » n'est pourtant pas encore complètement américaine, et, seul, l'avenir nous apprendra si le drapeau étoilé flottera un jour sur les bords de l'ancienne rivière des Palmes.

CHAPITRE VI

LES FRONTIÈRES OCCIDENTALES ET ORIENTALES DE LA LOUISIANE

Les explorations françaises vers l'ouest. — Hostilités entre la France et l'Espagne — Limites de la Louisiane et des colonies anglaises.

Avant l'époque où les pilotes eurent découvert, ou plutôt été autorisés à chercher le moyen de faire entrer les navires dans le Mississipi (1718), la Louisiane manquait de bon port, les Espagnols s'étant installés, dès 1698, à Pensacola, seule bonne rade du littoral.

Cette place forte, mal armée, port de relâche situé en dehors des grandes voies maritimes, sans grand commerce — les négociants espagnols se hasardant peu chez les Indiens — n'avait d'autre utilité que de servir de poste frontière, et ses seuls jours de prospérité furent ceux où ses gouverneurs se livrèrent à une vaste contrebande.

D'Iberville se leurra pendant un an de l'espoir que l'Espagne consentirait à nous céder bénévolement Pensacola, dont l'entretien lui coûtait fort cher, et Louis XIV, sur ses instances, engagea des pourparlers avec

---

1. Voir p. 61. Dans les derniers temps de la domination espagnole, le Rio Medina affluent septentrional du San Antonio, servait de délimitation entre la province du Texas et celles de Coahuila et de Nuevo Santander, dont la partie restée mexicaine porte maintenant le nom d'Etat de Tamaulipas.

la cour de Madrid pour obtenir l'abandon de cette rade, mais la Junte
de Guerre protesta, au mois de juillet 1701, contre toute aliénation ter-
ritoriale en Floride, et Philippe V ajouta même que « le Mississipi était
le plus grand ornement de sa couronne » !

D'Iberville fut alors autorisé à fortifier La Mobile et, dès lors, la frontière orientale de la Louisiane se trouva définitivement fixée par le cours
du Rio Perdido, petit fleuve dont l'embouchure se trouve située entre
les baies de Pensacola et de La Mobile. Son nom rappelle le naufrage d'un
navire espagnol dont tout l'équipage s'était noyé.

Vers 1711, Bienville et le gouverneur de Pensacola résolurent de
placer quelques bornes frontières ; mais certaines difficultés surgirent au
sujet de leur emplacement, et ce projet fut ensuite abandonné quand
Bienville eut reçu une dépêche, datée du 8 décembre 1712, l'informant
« que Sa Majesté ne jugeait pas nécessaire de régler à présent aucune
limite. »

Celles qui séparent actuellement, dans l'État de l'Alabama, le comté
de Monroe, de ceux d'Escambia et de Conecuh, doivent, très probablement, indiquer l'ancienne frontière de la Floride et de la Louisiane française.

Pendant la guerre de la succession d'Espagne, plusieurs expéditions
furent envoyées en Floride ou au Texas, et un des premiers actes de la
Compagnie d'Occident consista à prescrire l'occupation de la baie Saint-
Joseph, située à une quarantaine de lieues à l'est de La Mobile. Cha-
teaugué alla la reconnaître au commencement de 1718 ; seulement le frère
de Bienville trouva le mouillage assez médiocre et, surtout, les alentours
extrêmement arides. La baie Saint-Joseph était d'ailleurs beaucoup trop
éloignée de nos établissements, et les quelques hommes débarqués
furent rapatriés dès le mois de juin de la même année.

Bienville et Sérigny s'emparèrent de Pensacola le 15 avril 1719 ; les
Espagnols reprirent la ville le 6 août, mais en furent de nouveau chassés
le 13 septembre. Les Français occupèrent ensuite Pensacola pendant
deux ans, et ne se retirèrent qu'au mois de septembre 1722, après la fin
des hostilités entre la France et l'Espagne.

Le gouvernement de la Régence avait d'abord commencé, pendant les
pourparlers qui précédèrent la paix, par réclamer la Rivière des Apa-
ches et le Rio Bravo comme frontières de la Louisiane ; mais le marquis
de Maulevrier, notre ambassadeur à Madrid, se heurta toujours au refus
catégorique de Philippe V, qui répétait sans cesse : « Je veux qu'on me
rende Pensacola. »

Le cardinal Dubois se faisait d'ailleurs peu d'illusions sur la cession de la rive gauche du Rio Bravo « jusqu'au Presidio de Saint-Baptiste » [1], et prévenait le marquis de Maulevrier « qu'on n'en ferait la demande que pour obtenir la baye Saint-Bernard, avec le terrain arrosé par les petites rivières qui y tombent, lesquels sont indispensablement nécessaires pour soutenir l'établissement déjà ordonné dans cette baye... qui nous appartient de droit [2] ».

Philippe V se refusa à toute concession, et on ne reparla plus de la baie où débarqua La Salle, de 1721 jusqu'à l'époque où l'Espagne rétrocéda la Louisiane à Bonaparte.

*
* *

Le gouvernement du Mexique ignora longtemps le débarquement de La Salle dans la baie Saint-Louis, appelée ensuite Saint-Bernard et actuellement Matagorda. Dès qu'il en eut connaissance, en 1686, il envoya plusieurs expéditions pour chasser les Français ; mais le « pays des Tejas » (Texas) était alors si peu connu des Espagnols que les trois premières revinrent sans avoir pu découvrir l'emplacement du fort Saint-Louis, situé sur les bords de la Rivière aux Bœufs, petit fleuve qui, malgré la coïncidence des noms, n'est certainement pas le Rio Lavaca, mais le Rio Garcitas. En 1689, Alonso de Leon finit pourtant par l'atteindre peu de temps après le massacre des habitants par les Sauvages, et ramena au Nouveau-Mexique trois hommes, trois jeunes gens, une jeune fille et trois enfants [3].

Plusieurs autres expéditions partirent encore pour achever la destruction du fort, explorer les régions avoisinantes et fonder la mission de San Francisco de las Tejas [4]. Le capitaine Teran atteignit, croit-on, la Rivière Rouge en 1691, et les Capucins fondèrent au Texas, dans les dernières années du xviie siècle, quelques missions, la plupart d'ailleurs temporaires ; l'une d'elle se trouvait, au commencement du xviii[o] siècle, dans les environs de Nacogdotchez.

Les Espagnols ne songèrent jamais — au moins du temps de l'occupation française de la Louisiane, — à coloniser véritablement le Texas, et s'ils en revendiquèrent toujours énergiquement la possession, même après 1803, ce fut surtout pour servir de zone protectrice à leur province du Nouveau-Mexique.

Les Français ne tardèrent pas à entreprendre l'exploration des régions occidentales du Mississipi et Bienville remonta, en 1700, le cours de la

1. Cet établissement, fondé en 1700, était situé sur la rive gauche du Rio Grande, à deux lieues du fleuve et à une quinzaine au sud d'Eagle Pass.

2. *Ministère des Affaires Étrangères.* Correspondance générale ; t. 245, f° 59.

3. Cent quatre-vingt personnes environ débarquèrent à la baie Saint-Louis au mois de février 1685 ; quatre ans plus tard, le nombre des survivants se réduisait à seize.

4. Cette mission, abandonnée en 1693, devait se trouver sur les bords du Guadalupe.

Rivière Rouge jusqu'au village des Yatachez, situé près de l'emplacement de la ville actuelle de Natchitochez [1]. Juchereau de Saint-Denis
gagna par terre le Nouveau-Mexique à deux reprises : d'abord en 1714,
et, ensuite, deux ans plus tard. Ses aventures romanesques sont bien
connues ; malheureusement, pour sortir de prison, sauver ses marchandises confisquées, épouser Manuela Sancho de Navarre, nièce d'un gouverneur, et, aussi, dans l'espoir de faciliter les relations commerciales
entre la Louisiane et le Nouveau-Mexique, il consentit à montrer aux
Espagnols la route qu'il avait suivie.

Guidé par Juchereau, Martin de Alarcorn vint fonder divers postes
dans le Texas oriental ; heureusement, La Mothe-Cadillac, prévenu à
temps, avait, dès le mois de janvier de la même année, fait occuper sur
la Rivière Rouge, l'île des Natchitotchez, et les Espagnols durent se
borner à protester, à rétablir le poste de Nacogdotchez, et à construire le
petit fortin des Adayes, situé à sept lieues au sud-ouest de Natchitotchez. Dès lors, la frontière se trouva fixée à cet endroit entre ces deux
établissements.

Bénard de la Harpe remonta la Rivière Rouge en 1719, atteignit les
villages des Cadodaquis, puis celui des Nassonites où il établit un petit
poste, probablement situé un peu à l'est de la limite actuelle des États
de l'Arkansas et de l'Oklahoma.

Par suite de l'établissement de ce fortin, le cours supérieur de la
Rivière Rouge, en amont des Natchitotchez, servit de frontière à la Louisiane, Martin de Alarcón protesta pourtant, mais surtout pour la forme,
et écrivit à La Harpe « que le poste des Nassonites, et toutes les terres
situées à l'ouest, étaient de la dépendance du Nouveau-Mexique ».

Après leur malheureuse expédition de 1720, les Espagnols n'émirent
plus de prétentions sur la rive septentrionale de la Rivière Rouge. Ils
tenaient, par contre, beaucoup à la possession de toute la rive droite, et
l'enseigne Joseph Gonzalez, lieutenant-général aux Adayes de la province
de la Nouvelle-Philippine, écrivit, en décembre 1735, à Saint-Denis, commandant des Natchitotchez : « J'ai informé mes Supérieurs que vous
aviez l'intention de bâtir un fort sur notre terre, de l'autre côté [au sud]
de la rivière... Je vous supplie, Monsieur, de vous contenir dans les bornes
de vos limites, et de bâtir sur la partie de la terre qui a toujours été
reconnue appartenir à la couronne du Roi très chrétien de France [2]. »

---

1. L'expédition entreprise par Tonty en 1688 pour secourir les compagnons de La
Salle, et qui l'aurait mené chez les « Ovadiches », nous paraît avoir été, pour le moins,
fort amplifiée par le rédacteur des *Dernières Découvertes dans l'Amérique de M. de La
Salle*.

2. Margry, VI, p. 237.

Cette protestation n'empêcha d'ailleurs nullement Saint-Denis de s'établir sur la rive droite de la Rivière Rouge.

La branche nord de cette rivière servit, en 1819, de frontière entre l'Espagne et les États-Unis ; on peut également la considérer comme la limite théorique de la Louisiane française.

La Harpe entreprit, pendant son séjour chez les Nassonites, une exploration vers le nord-ouest. Il crut avoir atteint « la branche du sud-ouest de la rivière des Arkansas », mais les indications de son *Journal* sont trop confuses pour qu'il soit jamais, semble-t-il, possible de reconstituer son itinéraire. D'après la carte de son voyage, il devrait plutôt avoir franchi le Canadian et s'être arrêté sur les bords du Cimarron (?)

Vényard de Bourgmont remonta, en 1714, le Missouri jusqu'à la Platte et les Coureurs de Bois atteignirent quelques années plus tard, la Rivière de l'Eau qui court (Niobrara). Bourgmont fonda en 1723, le fort d'Orléans, un peu en amont de la Grand River, et parvint, l'année suivante, chez les Padoukas, campés alors au nord du grand coude de la rivière des Arkansas [1].

*
* *

Un simple incident, deux expéditions inutiles et un désastre subi par les Espagnols, sans qu'aucun Français y participe, marquèrent, à l'occident du Mississipi, la période des hostilités entre la France et l'Espagne.

En 1719, Blondel, commandant du poste des Natchitotchez s'empara d'autant plus facilement du fortin des Adayes que la petite garnison s'était hâtée de s'enfuir à la nouvelle de son approche. Malheureusement pour la gloire de Blondel, la mission des Adayes, constituait un poste très actif de contrebande, et Bienville reprocha à son subordonné sa malencontreuse initiative. Le pauvre lieutenant dut écrire aux Capucins de revenir au plus vite avec leurs marchandises, et protester que sa seule intention avait été de les protéger contre une attaque des Sauvages !

Bienville était complètement opposé à la fondation de tout nouvel établissement sur la côte ; toutefois, sur l'ordre formel de la Compagnie des Indes, il fit partir, au mois d'août 1720, le *Saint-Joseph*, commandé par Béranger, pour aller prendre possession de la baie Saint-Louis ou Saint-Bernard. Béranger la dépassa sans la reconnaître et pénétra dans la baie Saint-Joseph (Aransas bay), d'où il repartit au bout de quinze jours en y laissant cinq hommes, que Bienville, après avoir reconnu l'erreur de Béranger, abandonna à leur triste sort. On n'entendit plus jamais parler de ces malheureux.

---

1. Voir *La Découverte du Missouri*.

Cet échec ne découragea pas la Compagnie des Indes, qui espérait rendre à la Louisiane ses limites du temps de La Salle ; elle envoya de nouvelles instructions à Bienville et, l'année suivante, Bénard de La Harpe partit pour retrouver la baie Saint-Louis. Seulement Béranger, qui commandait *Le Subtile*, par crainte de la dépasser comme l'année précédente, ne longea pas la côte assez longtemps, et pénétra cette fois dans la baie de Galveston. La Harpe voulut établir un fort au fond de la baie, mais l'hostilité des Sauvages l'obligea de reprendre la mer, au bout de trois semaines [1].

Les Espagnols, de leur côté, résolurent en 1720, de détruire les postes français qu'ils croyaient, sur de faux rapports, établis dans la région du Haut-Missouri.

Pedro de Villasur, accompagné d'une soixantaine de soldats ou de colons et de soixante-dix Indiens, partit de Santa Fé au commencement de juin 1720. Il traversa la Culebra Range près de Taos, suivit le cours de la rivière Las Animas ou Purgatory, puis, quelque temps celui de l'Arkansas. Les Espagnols se dirigèrent ensuite vers le nord-est, traversèrent la Rivière Platte le 6 août, un peu en aval de Grand Island, et franchirent sans doute le Loup, trois jours plus tard. Le Journal d'un officier espagnol, que nous avons publié dans le *Journal de la Société des Américanistes* [2], s'arrête à la date du 10, et les Indiens et les survivants de l'expédition ont raconté de diverses façons les événements qui se passèrent le lendemain et le surlendemain.

Les Panis et les Otos étaient campés de l'autre côté de la rivière, et la journée du 11 se passa en conciliabules entre les officiers et en pourparlers avec les Sauvages. Villasur s'imaginant que des Européens devaient se trouver parmi les Indiens, leur adressa deux lettres, l'une écrite en français et l'autre en espagnol ; d'après l'un des survivants, il aurait reçu une réponse « sur un vieux bout de papier et complètement incompréhensible ».

Suivant Rael de Aguilar, les Espagnols décidèrent de battre en retraite le 11 août, retraversèrent le lendemain le « Saint-Laurent », et le mas-

1. Voir *Les Indiens du Texas et les Expéditions françaises de 1720 et 1721 à la Baie Saint-Bernard* (*Journal de la Société des Américanistes de Paris*. Nouv. série, XI, 1914-1919, p. 403-442).

2. Nouv. série. XIII, 1021, p. 239-255. Quand la Nebraska, State Hist. Soc. connut cette étude, elle envoya une mission pour étudier, sur place, l'itinéraire des Espagnols et plusieurs numéros de son Bulletin (*Nebraska History*. VI, n° 1 ; VII, n° 3 et 4) contiennent d'intéressants articles de Mgr Shine et M. A. B. Thomas, et de M. Addison E. Sheldon. Le premier cite des documents de provenance espagnole et les deux derniers ont reconstitué l'itinéraire de Villasur.

sacre aurait eu lieu le 13 au moment où ils levaient le camp. Selon les Otos, ils avaient proposé aux Espagnols d'assister à une fête, leur avaient demandé des lances pour une « danse iroquoise », puis, à un signal de leur chef, les avaient exterminés.

Le masssacre dut avoir lieu au nord du Prairie creek et au sud-ouest de la petite ville de Monroe (comté de Platte). Dans les environs de cette ville, et dans ceux de Genoa (comté de Nance), on a découvert des monnaies espagnoles et divers objets provenant, très certainement, de l'expédition de Villasur. Un aumônier et trois soldats échappèrent seuls au carnage.

Les Otos vengèrent, sans s'en douter, Cavelier de La Salle; parmi les morts, se trouvait l'interprète de l'expédition, Jean L'Archevêque [1], un des assassins du grand explorateur.

*
* *

La frontière *théorique* de la Louisiane et des colonies anglaises suivait incontestablement la chaîne des Montagnes Bleues (Blue Ridges) qui sépare le bassin du Mississipi du versant de l'Atlantique ; il serait pourtant assez puéril d'attribuer à la Louisiane des régions où jamais, sans doute, aucun Coureur de Bois franco-canadien ne construisit la moindre hutte, et ce serait quelque peu imiter les Virginiens qui reculaient leurs frontières occidentales jusqu'aux rivages du Pacifique [2], parce que Francis Drake avait, en 1577, pris possession de la Nouvelle-Albion, située au nord de la Californie !

Les vallées hautes du Tennessee et de la plupart de ses affluents orientaux ne furent, en réalité, jamais françaises, et il faut reporter aux Montagnes de Cumberland, les limites *extrêmes* de la véritable Louisiane.

Le fort Duquesne (Pittsburg) et le cours supérieur de l'Ohio ayant toujours dépendu en réalité du Canada, aucun territoire compris dans les États de Géorgie, de la Caroline du Nord, des deux Virginie et de la Pensylvanie n'a jamais véritablement relevé de la Louisiane. Le nord de

1. L'Archevêque avait accompagné Juan de Uribarri en 1706 dans l'expédition où il atteignit la région occidentale du Kansas. Il s'était marié au Nouveau-Mexique, était devenu un riche traitant, et emmenait avec lui, quand il accompagna Villasur, dix chevaux et six mulets chargés de marchandises. Ses descendants vivraient encore au Mexique, selon M. Bandelier.

2. D'après la carte de l'*America septentrionalis, a map of the Bristish Enpire with the French and Spanish settlements,* de Henry Popple, la Virginie atteignait la Californie; la Caroline, le Nouveau-Mexique, et la Géorgie englobait la moitié de la presqu'île de Floride. La Louisiane n'occupe guère qu'une partie de l'État du Mississipi et le sud de celui de la Louisiana.

l'Alabama, une grande partie du Tennessee et toute la partie orientale du Kentucky, sans être occupés en permanence par les Anglais, passèrent très rapidement sous leur influence.

Les colons de la Caroline et de la Virginie hésitèrent longtemps, surtout par crainte des Sauvages, à franchir les Montagnes Bleues. Ils fondèrent pourtant, vers 1720, quelques établissements sur le versant occidental, mais les squatters les plus hardis ne commencèrent guère à s'installer avant 1750 au pied des Monts Cumberland ou dans la partie orientale du Kentucky.

Par contre, les émissaires et les trafiquants anglais avaient pénétré, dès 1699, chez les Chérakis, et même l'un d'eux atteignit le Mississipi l'année suivante. Ce furent eux et nullement les colons, qui firent, en gagnant petit à petit diverses tribus indiennes, la conquête de la Louisiane orientale, aussi bien d'ailleurs en pleine paix qu'en temps de guerre.

En 1710, un corsaire de la Jamaïque s'empara de l'île Massacre (Dauphine) et en pilla les magasins. Pendant la guerre de la Grande Alliance, les Anglais faillirent s'emparer de la Louisiane complètement démunie, à cette époque, de troupes et d'approvisionnements. Les Caroliniens étaient parvenus, dès 1709, à gagner une grande partie des Alibamous, et, pendant les années suivantes, quelques autres nations voisines. Deux expéditions bien armées allaient partir en 1715, l'une contre La Mobile, l'autre vers le Ouabache, pour couper la Louisiane du Canada, quand la brutalité, la mauvaise foi et les fraudes des traitants anglais provoquèrent contre eux un soulèvement général des Indiens.

Devenus par la suite plus circonspects, et à force de présents, les Anglais parvinrent cependant à regagner les Sauvages. Ils firent alliance en 1720, avec les Chikachas ; en 1728 avec les Natchez, les Caouitas et les Tallapouses et, finalement, obtinrent en 1730, que la puissante nation des Chéraquis se plaçât sous le protectorat de l'Angleterre.

La France perdit ainsi le cours supérieur des rivières des Alibamous et de Tombigbee, dont la réunion forme la Rivière de La Mobile, et la plus grande partie des bassins du Tennessee et du Cumberland. Le massacre des colons du Fort Rosalie, accompli par les Natchez en 1728, compromit à tout jamais notre prestige dans ces régions orientales. Ni Perrier, ni Bienville, ni Vaudreuil ne parvinrent à le rétablir.

Deux grandes expéditions furent organisées en 1736 et en 1739 contre les Chikachas, chez lesquels s'étaient réfugiés les derniers Natchez, mais la première s'acheva par un sanglant désastre, et la seconde, terminée, malgré d'importants préparatifs, avant d'avoir été presque commencée, n'aboutit qu'à une paix boîteuse, dont le seul résultat fut de rendre les Chikachas peut-être un peu moins agressifs.

Kerlérec, gouverneur de la Louisiane, parvint, en 1760, à détacher de l'influence anglaise quelques tribus Chéraquis, mais il était déjà beaucoup trop tard.

CHAPITRE VII

CESSION DE LA LOUISIANE

Louisiana anglaise — Luisiana espagnole — La Lousiane de Bonaparte.

Une des clauses du traité de Paris, signé le 10 février 1763, abandonnait à l'Angleterre toute la rive gauche du Mississipi, à l'exception de l'« Ile de la Nouvelle-Orléans ». Ce terme assez singulier désignait le territoire délimité à l'ouest par le Mississipi ; au sud et à l'est, par le golfe du Mexique et, au nord, par la rivière d'Iberville, qui formait encore à cette époque un déversoir, fort envasé, du Mississipi, et par les lacs Maurepas, Pontchartrain et Borgne.

La Mobile fut occupée par les troupes anglaises le 22 octobre 1764, et le fort de Chartres des Illinois, le 10 octobre de l'année suivante. Une première expédition, comprenant quelques colons et trois cent soixante soldats, sous les ordres du Major Loftus, était partie de la Nouvelle-Orléans au mois de février 1765 ; mais elle fut mise en déroute, près de La Roche à Davion [1], par une trentaine de Chaktas et de Tonicas embusqués sur les rives du Mississipi. Une décharge tua six Anglais, et le convoi se hâta de regagner la Nouvelle-Orléans, sans avoir tiré un coup de fusil.

Louis XV, pour dédommager l'Espagne de la perte inévitable de la Floride, lui avait, dès le 3 novembre 1762, abandonné la Nouvelle-Orléans et toute la Louisiane occidentale ; la cession, toutefois, ne fut pas rendue publique avant le 21 avril 1764.

L'Espagne accepta sans grand enthousiasme cette précieuse compensation, et attendit le 5 mars 1766 pour en prendre possession. Les habitants de la Nouvelle-Orléans se révoltèrent en 1768 contre la domination espagnole, et le gouverneur Antonio de Ulloa dut se rembarquer le 1er novembre. Une sorte de «République» française se constitua alors et administra la ville pendant neuf mois. Alexandre O'Reilly, accompagné de trois bataillons, débarqua à la Nouvelle-Orléans le 18 août 1769 sans le moindre incident, mais ternit malheureusement son arrivée par des représailles sanglantes et injustifiées.

1. Située près de la limite actuelle des États de la Louisiane et du Mississipi.

Le drapeau français flotta encore à Sainte-Geneviève (Missouri) jusqu'au printemps 1770. O'Reilly, ne pouvant faire voyager de troupes
pendant l'hiver, pria Saint-Ange de Bellerive de conserver le commandement des établissements fondés par les colons français sur la rive droite
du Mississipi, après la cession aux Anglais du fort de Chartres et de
Kaskaskias.

L'Angleterre rendit à l'Espagne, par le traité de Versailles du 3 septembre 1783, la Floride, et lui abandonna également la partie de l'ancienne
Louisiane française, comprise entre le Rio Perdido et le Mississipi. Ber-
nardo de Galvez, capitaine-général de la Luisiana, qui s'était d'ailleurs
emparé de La Mobile dès le 14 mars 1780, occupa Pensacola, au mois
de mars de l'année suivante [1].

Les Espagnols donnèrent à ce nouveau territoire, délimité au nord
par le 31° degré de latitude, le nom de Floride occidentale. En seize ans,
es habitants de La Mobile avaient changé trois fois de nationalité.

*****

Après de longues hésitations, le gouvernement espagnol s'était finalement résigné à rétrocéder la Louisiane à la France par le septième
article additionnel et secret du traité signé à Saint-Ildefonse le 27 juin
1796. Malheureusement de nouvelles exigences du Directoire, notamment
l'abandon de tout le territoire situé à l'ouest de la rivière des Apalaches,
modifièrent les dispositions de l'Espagne, et le traité définitif du 19 août
1796 ne parle plus de la Louisiane.

Par un nouveau traité, également « préliminaire et secret », signé le
1er octobre 1800, comme le premier, à Saint-Ildefonse, Charles IV s'engagea
« à rétrocéder à la République Française, six mois après l'exécution pleine
et entière des conditions et stipulations ci-dessus relatives à S. A. R. le
Duc de Parmes, la colonie ou province de la Louisiane, avec la même
étendue qu'elle a actuellement entre les mains de l'Espagne et qu'elle
avait *lorsque la France la possédait* et telle qu'elle doit être d'après les
traités passés subséquemment entre l'Espagne et d'autres États. »

Cette clause resta deux ans secrète, et l'ambassadeur d'Espagne à
Paris ne remit officiellement la Louisiane à la France que le 25 octobre
1802, une semaine après la signature du traité d'Amiens. Quelque temps
auparavant, Bonaparte avait essayé d'obtenir pour frontières orientales

---

1. Trois navires français *Le Palmier*, *Le Destin* et *Le Triton*, commandés par le chef
d'escadre de Monteil, se joignirent aux Espagnols, et le corps de débarquement était
commandé par un Breton, le chevalier Du Boldéru.

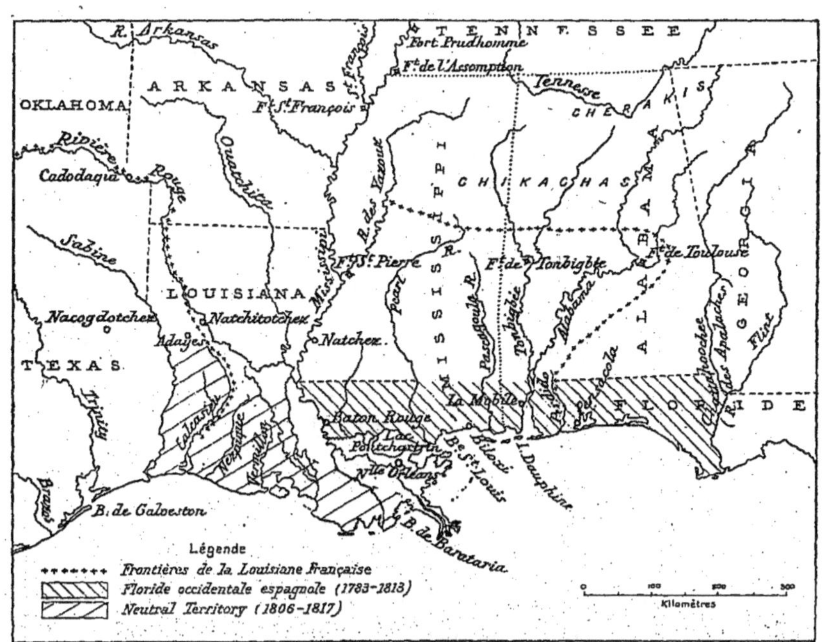

Carte 8. — Carte historique de la Basse-Louisiane.

de la Louisiane la rivière des Apalaches, et, vers l'ouest, le cours du Rio Bravo jusqu'à sa rencontre avec le 29° degré de latitude, mais l'Espagne ne consentit jamais à admettre pareilles prétentions. Néanmoins, M. Bond englobe, « dans les territoires cédés à la France par le traité de Saint-Ildefonse », toutes les côtes orientales du golfe du Mexique, situées au nord de l'imaginaire Rivière des Palmes [1]. Bonaparte n'insista pas pour obtenir la rive droite de l'Apalache ; par contre, les instructions remises le 9 décembre 1802 au général Victor, nommé Capitaine-général de la Louisiane, portaient : « Le traité de Saint-Ildefonse a donné à la Louisiane pour délimitation, la rivière Bravo depuis son embouchure jusqu'au 30° degré Nord, d'où la ligne de démarcation est indéterminée vers le Nord-Ouest, ainsi que toutes celles du Nord, qui se perd dans les vastes solitudes dénuées d'établissements européens. » En réalité, l'article 3 du traité de Saint-Ildefonse du 9 vendémiaire an IX n'indiquait nullement les limites occidentales de la Louisiane.

La rupture du traité d'Amiens empêcha le départ de la flotille réunie à Helvoett Sluys, près de Rotterdam, pour aller occuper la Louisiane ; et Bonaparte, se rendant compte qu'il ne pourrait l'occuper, et encore moins la conserver, résolut de la céder aux États-Unis, moyennant une indemnité de quatre-vingts millions. La convention, signée à Paris le 30 avril 1803, fut ratifiée à Washington le 21 octobre suivant.

Pierre de Laussat, nommé Préfet colonial de la Louisiane se trouvait à la Nouvelle-Orléans depuis le 23 mars ; mais il prit simplement possession de la ville pour en faire la remise aux Américains, et le drapeau français flotta tout juste pendant dix jours [1] sur le Calbildo, du 30 novembre au 10 décembre 1803 [2].

La France céda la Louisiane aux États-Unis telle qu'elle l'avait reçue elle-même par le traité de Saint-Ildefonse, c'est-à-dire avec des limites extrêmement vagues. L'Espagne qui possédait pourtant, en vertu d'un accord signé le 22 octobre 1802, un droit de reprise sur la Louisiane, en cas où la France renoncerait à en pendre possession, se borna à protester pour la forme à Washington, mais, par contre, refusa énergiquement de céder aux États-Unis la partie de l'ancienne Louisiane française que l'Angleterre lui avait abandonnée en 1783, et La Mobile resta encore espagole pendant dix ans.

---

1. *Op. cit*, carte n° 3. Au sujet de la situation de la Rivière des Palmes, voir p. 23.

2. Voir notre ouvrage sur *Les dernières années de la Louisiane française* Paris, 1904. Chapitre XVII.

CHAPITRE VIII

LA LOUISIANE AMÉRICAINE

Le congrès de Washington divisa, le 26 mars 1804, sa nouvelle acquisition en deux parties : la région, située au nord du 33° degré de latitude, forma le *District of Louisiana* rattaché primitivement au territoire d'Indiana, et la Basse-Louisiane, réduite sur la rive gauche du Mississipi, à l'« Ile de la Nouvelle-Orléans », prit le nom de *Territory of Orleans*.

Les Américains occupèrent la ville de Saint-Louis (Missouri) le 9 mars 1804, et le « District » de la Louisiane fut transformé en « Territory » du même nom, le 3 mars 1805, puis en Territoire du Missouri le 4 juin 1812 [1].

Un bill, approuvé le 20 février 1811, fixa les limites occidentales du Territoire d'Orléans « ...par une ligne partant de l'embouchure de la Sabine, suivant le milieu du lit de cette rivière et comprenant toutes les îles, jusques à la rencontre du 32° degré de latitude. De ce point, par une ligne se dirigant droit au nord jusques au 33° degré de latitude... »

La frontière suivait le 17° degré de longitude ouest de Washington qui coïncide, à une lieue près, avec le 94° degré du méridien de Greenwich.

Le territoire d'Orléans disparut le 8 avril 1812 [2] et reprit, en s'élevant au rang d'État, le nom de *State of Louisiana*, bien que quelques Américains pur sang proposassent de le baptiser Jefferson. Le quinzième État de l'Union, s'agrandit, six jours plus tard, des « paroisses » situées à l'ouest de la Rivière des Perles (Pearl river) et au sud du 31° degré de latitude, limite méridionale du Territoire du Mississipi [3].

Deux ans auparavant, cette région de la Floride occidentale s'était soulevée contre l'Espagne, à l'instigation des Américains. Les insurgés s'emparèrent de Baton Rouge [4], le 22 septembre 1810, et proclamèrent leur indépendance, mais le Président Madison ordonna aussitôt à Claiborne d'occuper la nouvelle république, qui devint le District of Baton Rouge.

Les troupes américaines entrèrent dans La Mobile le 15 avril 1813, et toute la partie orientale de l'ancienne Louisiane française se trouva ainsi devenue américaine.

---

1. Le territoire de l'Arkansas fut créé au mois de février 1819.

2. L'acte du Congrès ne devait toutefois entrer en vigueur que le 30 avril, date du neuvième anniversaire de l'acquisition de la Louisiane.

3. Élevé au rang d'État en 1817.

4. Cette ville devint, en 1850, la capitale de la Louisiane.

Malgré le Bill du 20 février 1811, les limites occidentales de l'État de Louisiane ne furent définitivement fixées qu'en 1819, époque à laquelle l'Espagne dut céder la Floride aux États-Unis [1], qui, en échange, renoncèrent — du moins provisoirement — à toute prétention ou réclamation sur la province du Texas [2].

L'acte du 26 mars 1804, qui traçait les limites du Territoire d'Orléans au nord et à l'est, ajoutait simplement qu'il « s'étendait, vers l'ouest (au sud du 33°) jusqu'aux frontières occidentales des territoires cédés ». Le gouvernement américain commença par émettre, à l'exemple de Bonaparte, de vagues prétentions sur toute la province du Texas, puis réduisit ses prétentions à la frontière du Brazos, mais il se heurta toujours à un refus catégorique de l'Espagne de céder aucune partie de ses territoires.

En 1806, le gouverneur du Texas fit même réoccuper l'ancien poste espagnol des Adayes ; le major Porter, commandant des Natchitotchez protesta immédiatement en déclarant que le Territoire d'Orléans s'étendait jusques à la Sabine. Les Espagnols reculèrent un peu, mais s'installèrent sur le bayou Pierre, qui forme, sur la rive gauche de la Rivière Rouge, la limite nord du comté actuel de Natchitotchez. Un conflit sanglant paraissait inévitable quand Herrera et Wilkinson, commandants des troupes en présence, convinrent, le 6 novembre 1806, de neutraliser le territoire contesté.

Seulement, comme cette zone ne fut délimitée avec les Espagnols que sur un seul point — entre le rio Mexicano (Sabine) et le bayou Hondo, appelé parfois Fonda, qui avait, jadis, servi de frontière entre le fortin espagnol des Adayes et le poste français des Natchitotchez — toute la rive gauche de la Sabine, et les contrées marécageuses du littoral devinrent bientôt un véritable repaire de nègres marrons, de contrebandiers et de malandrins.

M. Bond fixe sur les cartes de la *Louisiane Purchase* la limite occidentale de l'ancienne Louisiane à la rivière Vermillon ; nous ignorons la raison de ce choix, car l'Espagne n'a jamais revendiqué aucun des territoires situés sur la rive gauche du Calcassieu, et c'est à ce petit fleuve que nous avons fixé, sur nos cartes, la frontière de la Louisiane française.

Le cours du Calcassieu aurait dû servir également de limite extrême orientale au Neutral Territory et certains documents du temps lui assignent

1. Le traité fut signé à Washington le 22 février 1819, mais l'Espagne ne se décida à le ratifier que deux ans plus tard.

2. Le Texas se souleva contre la domination espagnole en 1820, se sépara du Mexique seize ans plus tard et finalement se réunit volontairement aux États-Unis en 1845.

en effet, comme frontière théorique, le Culashu, déformation d'autant plus probable du mot Quelque chose, qu'un affluent occidental du Calcassieu porte encore, sur les cartes américaines modernes, le nom de Bayou Quequeshoe ; néanmoins le territoire contesté, grâce à de nombreuses complaisances, finit par atteindre presque la rive droite du Mississipi !

Jean et Pierre Laffite, tantôt corsaires, tantôt pirates, parfois les deux en même temps, régnèrent incontestablement en maîtres, de 1808 à 1816 à Barataria, en plein territoire américain ; mais si la zone neutre persista si longtemps et s'étendit démesurément vers l'est, c'est qu'elle constituait un admirable entrepôt de contrebande, dont bon nombre de citoyens de la Nouvelle-Orléans retiraient un très grand profit.

INDEX DES NOMS

TABLE DES CARTES

TABLE DES MATIÈRES

PREMIÈRE PARTIE
LE NOM DE LOUISIANE

DEUXIÈME PARTIE
LES FRONTIÈRES DE LA LOUISIANE
de 1682 à 1819

CHAPITRE VI

LES FRONTIÈRES OCCIDENTALES ET ORIENTALES DE LA LOUISIANE

CHAPITRE VII

CESSION DE LA LOUISIANE

CHAPITRE VIII

LA LOUISIANE AMÉRICAINE

MACON, PROTAT FRÈRES, IMPRIMEURS. — MCMXXIX.

Carte des frontières successives de la Louisiane.